UNIVERSITÉ DE PARIS. — FACULTÉ DE DROIT

LA NOTION

DE LA

COMPLICITÉ

(ÉTUDE CRITIQUE)

THÈSE POUR LE DOCTORAT

PAR

Jacques THIBIERGE

AVOCAT A LA COUR D'APPEL

PARIS

LIBRAIRIE NOUVELLE DE DROIT ET DE JURISPRUDENCE

ARTHUR ROUSSEAU,

ÉDITEUR

14, RUE SOUFFLOT ET RUE TOULLIER, 13

1898

THÈSE

POUR LE DOCTORAT

LA NOTION

DE LA

COMPLICITÉ

(ÉTUDE CRITIQUE)

THÈSE POUR LE DOCTORAT

L'ACTE PUBLIC SUR LES MATIÈRES CI-APRÈS

Sera soutenu le mardi 25 janvier 1898, à 2 heures 1/2

PAR

Jacques THIBIERGE

AVOCAT A LA COUR D'APPEL

Président : M. LE POITTEVIN.

Suffragants : MM. PLANIOL, *professeur.*
SALEILLES, *agrégé.*

PARIS

LIBRAIRIE NOUVELLE DE DROIT ET DE JURISPRUDENCE

ARTHUR ROUSSEAU,

ÉDITEUR

14, RUE SOUFFLOT ET RUE TOULLIER, 13

1898

A MES PARENTS

A MON FRÈRE

LA NOTION DE LA COMPLICITÉ

ÉTUDE CRITIQUE

INTRODUCTION

Le droit pénal fait actuellement l'objet d'études nombreuses. Ces recherches n'ont pas seulement pour but
de prévoir et de punir les nouvelles formes du crime,
car la pratique des faits démontre que le crime se modi-
fie, suivant les pays et surtout suivant les civilisations,
mais encore elles examinent d'après les méthodes récentes les doctrines traditionnelles, et l'on peut affirmer
que l'ensemble du droit pénal est ou sera ainsi revisé.

Si chaque pays possède une législation criminelle
spéciale, il n'en est pas moins vrai qu'il est nécessaire
de ne pas s'isoler des autres nations et de profiter des
progrès qu'elles ont réalisés, comme de connaître les
erreurs qu'elles ont commises. Le problème pénal, c'est-
à-dire la lutte contre le crime, est le même dans tous les
pays, et la facilité des communications tend à l'unifier
davantage. C'est ainsi que dans toutes les nations euro-
péennes — sauf peut-être l'Angleterre — les crimes

augmentent d'année en année. En outre bien des théories sont communes à divers codes. Aussi l'étude « internationale » du droit pénal est-elle devenue de plus en plus générale et a-t-elle contribué, pour une très large part, à la diffusion ou à la naissance de doctrines nouvelles.

Parmi celles-ci, les unes ont pour but la peine, d'autres les individus criminels (récidivistes, jeunes malfaiteurs, etc.); d'autres prennent comme sujets les notions pénales de culpabilité, de faute. C'est la doctrine nouvelle de la complicité que nous avons l'intention d'examiner et d'opposer à la doctrine antérieure, qu'on appelle la doctrine classique.

Qu'est-ce que la complicité ?

On peut la définir « l'association dans le crime ».

En général, le crime n'est commis que par un seul agent, qui en a conçu l'idée et qui a mis son projet à exécution sans aucun concours étranger. Mais cette hypothèse, la plus fréquente en pratique, peut être modifiée dans un de ses termes, c'est-à-dire qu'au lieu d'un agent unique nous en trouverons plusieurs. Si les rôles qu'ont joué ces agents divers sont sensiblement identiques, on dit qu'ils sont les *co-auteurs* du crime ; mais si, au contraire, la participation des uns est de moindre importance que celle des autres, on dit alors que les premiers sont *complices* des seconds.

Telle est brièvement résumée, la théorie classique. La plupart des législations en vigueur l'ont consacrée

et jusqu'à ces dernières années, on n'avait jamais attaqué ses principes fondamentaux.

Mais, avec les nouvelles études pénales, il n'en a plus
été de même. La complicité a été envisagée sous des
points de vue absolument différents, ou plutôt les défenseurs de la doctrine moderne l'ont supprimée. Cependant il ne faudrait pas croire qu'ils ont tous adopté le
même système ; ceci ne serait rien moins qu'exact, car
à l'ancienne théorie on oppose plusieurs théories nouvelles. Ces dernières n'ont pas eu toutes le même
succès. En fait il n'y en a qu'une seule qui soit véritablement importante : c'est la doctrine que l'Union internationale du droit pénal a répandue dans ses pu-
blications et discutée dans un de ses congrès. On peut
l'appeler la « théorie de la complicité délits distincts »,
car son principe fondamental, c'est de nier qu'il y ait un
seul crime, lorsque plusieurs agents se sont réunis pour
un but criminel. Il faut, disent les défenseurs de cette
doctrine, considérer ce qu'a commis chacun des agents
comme le délit indépendant de cet agent, et le punir
comme s'il était seul auteur du crime.

En face de ces nouveaux principes, qui, à leur simple inspection, se présentent comme absolument incon-
ciliables avec les anciens, il est nécessaire, croyons-nous,
d'examiner les uns et les autres, car la complicité est
une des questions les plus graves du droit criminel.
Nous ferons donc un exposé critique de ces deux sys-

tèmes, et après les avoir ainsi opposés nous verrons quel est celui qui doit l'emporter.

Nous tiendrons compte des progrès accomplis dans la science pénale et nous chercherons s'ils nécessitent d'une manière absolue la suppression ou le maintien de l'une des doctrines.

CHAPITRE PREMIER

LA NOTION DE COMPLICITÉ DANS LE SYSTÈME CLASSIQUE

Section 1. — Théorie de la complicité. — Section II. — § 1. Histoire de cette théorie. — § 2. Législations étrangères.

SECTION I. — Théorie de la complicité.

Le crime ou délit est un fait punissable commis par un agent intelligent.

De cette définition il s'ensuit qu'il y a deux termes dans le crime : le premier, c'est le fait contraire à la loi, c'est-à-dire une modification dans les phénomènes extérieurs, de nature à léser, soit les droits d'une personne, soit ceux de la société considérée comme l'ensemble des citoyens ; le second, c'est l'homme, cause du délit, par l'influence duquel le résultat préjudiciable a été atteint ; intelligent, avons-nous ajouté, parce que c'est seulement quand il a pleine et entière conscience de ses actes, qu'on peut lui reprocher le fait dont il est l'auteur.

Ces deux termes sont nécessaires ; pour le second ceci est évident ; pour le premier on pourrait être tenté de dire qu'avant le fait commis, l'homme est coupable d'une intention mauvaise, mais il faudrait, en supposant qu'il fût possible de la connaître, prouver cette intention et l'on s'exposerait ainsi à un arbitraire dangereux, sinon nuisible.

Ces termes essentiels sont susceptibles de qualités, qui ne modifient en rien leur substance: C'est ainsi qu'au lieu d'avoir affaire à un seul crime, de la part de la même personne, il se présente des cas de « cumul de délits » où l'agent se trouve avoir à répondre de plusieurs délits, dont aucun n'a encore été puni. Nous n'avons pas à étudier cette hypothèse (1).

Inversement, il peut arriver que plusieurs agents se réunissent pour commettre un seul crime. C'est ce qu'on nomme la « complicité » au sens large. Au sens strict, on appelle auteur ou co-auteur celui ou ceux des agents qui ont pris une part importante au délit, complices ceux dont la participation a été moindre.

La modification de l'un des termes a-t-elle influence sur l'autre ?

L'école classique répond négativement : de ce que plusieurs personnes se sont réunies pour commettre un crime il ne résulte pas que celui ci change de nature. Sans doute on pourra trouver dans la pluralité des agents un motif d'augmentation de la peine (2), mais

---

(1) Elle est prévue par l'article 365 du Code d'Instruction criminelle.

(2) Voy. les articles 381 et suivants du Code pénal qui punissent comme crimes les vols commis par deux ou plusieurs personnes, lorsqu'il existe en outre d'autres circonstances aggravantes.

le délit sera toujours unique. En effet, l'acte ou les actes matériels ne varient pas : les éléments objectifs du délit sont les mêmes. Supposons par exemple un vol : l'article 379 du Code pénal le définit « la soustraction frauduleuse de la chose d'autrui ». Laissons de côté les mots et considérons le fond de cette définition. L'idée à laquelle elle correspond est celle de l'interruption du rapport qui existe entre une personne qui possède un droit de propriété sur un corps, et ce corps lui-même, objet du droit de propriété. Or ce fondement rationnel ne changera pas si les causes de l'interruption sont multiples ou s'il n'y en a qu'une ; il n'y aura toujours que la soustraction d'un seul et même objet. C'est là ce qui constitue la partie essentielle du crime. Les circonstances qui s'y joignent sont simplement des accidents, peut-être d'une grande importance au point de vue pénal, mais n'ayant aucune influence sur ce qui constitue le principe du délit. — Il en est de même en ce qui concerne la pluralité des agents. Grâce à leur réunion ils pourront accomplir plus facilement l'exécution, obtenir plus vite le résultat qu'ils ont en vue ; ils se diviseront les rôles ; mais la nature essentielle du délit ou des délits qu'ils commettront ne sera pas modifiée. S'ils ont commis un vol, il n'y aura qu'un seul et même délit de vol, dont ils seront tous coupables.

Nous pouvons dire suivant la formule classique que la notion de la complicité c'est « l'unité de délit et la pluralité des agents » (1).

(1) Ortolan, *Eléments de droit pénal*, Paris, 1861, n° 1254.

Mais dire que tous les agents sont coupables du délit ce n'est pas une donnée suffisante, et nous devons la compléter. On ne peut admettre un châtiment frappant tous ceux qui ont pris part au fait, sur la seule vérification de leur acte de participation, et il est nécessaire de pousser l'analyse plus loin.

La participation de plusieurs personnes au même délit comprend deux hypothèses :

Ou bien tous les coparticipants jouent le même rôle. On dit alors qu'ils sont coauteurs. Ils encourent tous la peine établie par la loi pour le crime qu'ils ont commis.

Ou bien les coparticipants jouent des rôles différents. Les uns auront commis les actes nécessaires pour fonder juridiquement le crime. Leurs actions ont été essentielles, et ils ont pris la part principale dans la perpétration de l'acte. Ce sont encore des coauteurs et les règles sont les mêmes que dans l'hypothèse précédente. Les autres auront simplement facilité la besogne des auteurs. Le crime aurait pu avoir lieu sans leur concours. Les premiers étaient causes efficientes du crime, les seconds n'en sont que des causes secondaires. Ce sont les complices.

L'acte du complice, au point de vue pénal, ne peut être envisagé que par rapport à celui de l'auteur. Il n'existe pas par lui-même : c'est une partie du délit de l'auteur et on ne peut l'en détacher. Par suite, le complice ne sera responsable de son acte que parce qu'il a participé au crime d'autrui par cet acte même, et comme, ainsi que nous l'avons vu, le crime reste un et identique, il en résulte que le complice est responsable du crime d'autrui. C'est ce qu'on exprime en disant que le complice emprunte la criminalité du fait principal. Cet emprunt n'a rien d'illogique en soi puisque le crime est, pour partie, l'œuvre du complice.

Tel est donc le principe de la responsabilité pénale du complice. Il en résulte deux conséquences :

a) Le fait du complice doit se rattacher à un fait principal. Si donc il n'y a pas de crime dans le fait de l'auteur, la complicité n'existera pas. Ainsi, pour prendre un exemple classique le complice du suicide ne peut être puni, le fait principal, le suicide, ne l'étant pas (1).

b) Il faut que le complice ait eu l'intention de participer au crime d'un auteur principal. S'il ne veut pas s'associer, s'il n'y a pas entente criminelle, il n'y a pas de complicité.

On exprime souvent ces deux règles en disant que pour qu'il y ait complicité punissable, il faut qu'il y ait dépendance matérielle et intellectuelle, c'est-à-dire, qu'au point de vue objectif, l'acte du complice doit se rattacher au fait de l'auteur principal, et qu'au point

____

(1) Certains Codes comme celui de l'Italie punissent cependant la personne qui a poussé un homme à se suicider. Il en est de même du Code pénal hollandais. On a passé par dessus certaines difficultés surtout pratiques, pour considérer le côté social de l'action. C'est là une question spéciale sur laquelle nous ne pouvons insister.

de vue subjectif, l'intention du complice doit être la même que celle de l'auteur principal.

Nous avons vu pourquoi le complice doit être puni, examinons maintenant comment il doit être puni. Sur cette question deux systèmes partagent les auteurs classiques. Nous allons les exposer successivement.

A. — *Système de l'emprunt absolu de criminalité.* — Ce système peut s'énoncer : le complice emprunte d'une manière absolue, la criminalité du fait principal. La personnalité du complice disparaît ; elle est comme absorbée dans celle de l'auteur principal. Il en résulte que le complice subira la même peine que l'auteur principal. De même, il supportera toutes les circonstances aggravantes du crime, qu'il les ait connues ou non, et aussi toutes les circonstances aggravantes qui existent en la personne de l'auteur principal. Parmi ces dernières on fait cependant une exception pour celles qui concernent la culpabilité individuelle de l'auteur, comme par exemple la récidive.

Supposons qu'un vol ait lieu dans les conditions de l'article 382 ou des articles suivants, c'est-à-dire avec certaines circonstances aggravantes. Le recéleur, qui est un complice (art. 62), sait que les objets qu'il détient proviennent d'un vol, mais il ignore les circonstances dans lesquelles ce vol a eu lieu : il sera passible cependant de l'aggravation de peine qui en résulte. De même celui qui assiste un domestique ou un aubergiste encourra l'aggravation qui résulte de ces qualités, même si elles lui étaient inconnues (1). Réciproquement, les qualités qui existent en sa personne n'ont en principe aucune influence (2).

En théorie on justifie ce système en disant : il faut ne considérer que le délit et faire abstraction de la personnalité des divers agents. Tous sont coupables du même délit, tous doivent subir la même peine. En agissant autrement, on fait de la complicité une circonstance atténuante, alors que tout le monde reconnaît au contraire le danger qu'elle présente. On arrive à méconnaître ainsi le fait de l'association dans le crime.

D'ailleurs, il est inutile de faire abstraction de la personnalité des agents. Ceux-ci se sont associés en vue d'un même fait : peu importe la diversité de rôles. Ce qui constitue la responsabilité c'est l'objet de la volonté criminelle. Celui-ci étant identique pour tous, la responsabilité doit être la même pour tous.

Cette idée de l'association « à toutes chances » dont l'observation des faits démontre l'exactitude, a été invoquée lors des travaux préparatoires du Code français : « Tous ceux qui ont participé au crime », dit Target dans son rapport, « par provocation ou complicité mé- « ritent les mêmes peines que les auteurs ou coopéra- « teurs. Quand les peines seront portées à la plus grande « rigueur par l'effet des circonstances aggravantes, il « paraît juste que cet accroissement de sévérité frappe

(1) Cass., 11 mai 1866, D. 68.5.96.
(2) Voy. Cass., 21 mars 1844.

« tous ceux qui ayant favorisé, aidé ou préparé le crime,
« se sont soumis à toutes les chances des événements
« et ont consenti à toutes les suites du crime » (1).

B. — *Système de l'emprunt relatif de criminalité.* —
Ce système déclare que le complice n'emprunte la criminalité du fait principal que sur certains points. La personnalité du complice est entièrement conservée, c'est-à-dire qu'il n'encourt que les charges personnelles qui existent en lui-même. Pour les circonstances aggravantes réelles, il ne les supporte que s'il les a connues. C'est une part importante faite à l'idée moderne de l'individualisation de la peine. Il est injuste en effet d'établir un châtiment unique pour tous, puisque l'on reconnaît qu'ils ont joué des rôles très divers dans la perpétration du même délit. Aussi, dans ce système, le complice subira une peine moindre que l'auteur principal, car elle correspond logiquement à une part moindre prise dans le résultat criminel. L'activité de toutes les personnes associées au délit n'est pas égale. L'égalité est une notion morale qui se rencontre rarement dans le monde réel. Enfin le système de l'emprunt absolu affirme que lorsqu'on s'associe à un crime, on veut accepter d'avance toutes les éventuali-

---

(1) Locré, t. 29, p. 32. Voici à titre de renseignement les autres motifs qui furent donnés lors des travaux préparatoires : « La *faculté* pour les complices d'être punis de la même peine est consolante pour les accusés dont le cœur et la conduite passée n'ont pas encore été infectés par l'habitude du mal, redoutable pour ceux dont la perversité est connue. » Locré, t. 29, p. 271.

tés qui peuvent se produire. Mais le fait de stipuler qu'on ne tiendra qu'un rôle accessoire, qu'on sera un simple complice ne prouve-t-il pas, de la part de celui qui impose cette condition, qu'il refuse précisément cet engagement à toutes chances ?

Quel que soit celui de ces deux systèmes auquel on accorde la préférence, il faut cependant remarquer que la dépendance caractéristique de l'école classique s'arrête toujours au fait criminel. Par suite, et bien qu'en règle générale il y ait indivisibilité dans la procédure puisque il n'y a qu'un délit, il importe peu que l'auteur soit mort ou absent, le complice n'en est pas moins jugé pour ses actes de complicité. Il n'y a pas indivisibilité de poursuite. Allant plus loin, les juges ne sont pas liés vis-à-vis de l'un, par ce qu'ils ont décidé pour l'autre, et la Cour de cassation déclare que l'on peut accorder des circonstances atténuantes à l'auteur principal et ne pas les admettre pour le complice, que l'on peut acquitter l'auteur et condamner le complice. De même si l'auteur principal est excusable ou si le crime ne lui est pas imputable (par exemple au cas de folie) le complice n'en est pas moins punissable.

Il s'agit là, en effet, de criminalité subjective et nous avons vu qu'elle n'était jamais communicable au complice (voy. page 10) (1), même dans le système de l'emprunt absolu.

(1) Voyez pour les circonstances atténuantes, Cass., 23 mars 1843, pour l'acquittement, Cass., 19 juin 1829 ; pour l'absolution, 27 floréal

De cette dépendance il s'ensuit naturellement qu'on ne peut admettre, avec la notion classique, une tentative de complicité. La tentative n'est punissable que s'il s'agit d'un crime suspendu par des circonstances indépendantes de la volonté de son auteur (art. 2, C. pén.). Même restreinte aux crimes (au sens strict de l'art. 2, C. pén.) elle est inapplicable dans l'espèce, puisque la complicité ne constitue pas un crime, qu'elle n'est que la participation au crime d'autrui. Au contraire, si le fait de l'auteur principal ne dépasse pas le « commencement d'exécution » et par suite est punissable, la complicité sera également punissable. Ce sont là des conséquences logiques sur lesquelles nous n'avons pas besoin d'insister.

Avant de terminer cette analyse de la notion de complicité en droit classique, nous devons remarquer que les auteurs, et, après eux les Codes, ont énuméré les modes de complicité. C'est ainsi qu'on distingue la complicité par provocation (art. 60, 1°, C. pén.), la complicité par aide et assistance (art. 60, 3°), la complicité par recel etc. Cette énumération est très utile pour préciser et permettre dans chaque cas concret, d'apprécier les différents actes de complicité. Aussi la retrouve-t-on sous une forme très analogue dans la plupart des

an IX, pour le décès de l'auteur, Cass., 24 décembre 1843 ; pour son absence, 13 avril 1829. Ces arrêts, bien qu'un peu anciens, ont continué à présenter la même valeur, la jurisprudence ne s'étant pas modifiée à ce sujet.

législations, mais elle n'a qu'une importance secondaire au point de vue des principes mêmes de la complicité. Quel que soit le caractère de l'acte secondaire, il reste toujours accessoire (1), et malgré la pluralité d'agents et la diversité des concours, la notion fondamentale du droit classique reste l'unité du crime.

SECTION II. — Histoire de la notion de complicité.
Législation comparée.

§ 1. — Histoire de la notion de complicité.

On peut dire, sans craindre d'être taxé d'exagération que, jusqu'à une époque relativement récente, on n'a pas connu d'autre notion de la complicité que celle de l'école classique. A différentes reprises, les systèmes d'emprunt de la criminalité ont été tour à tour admis et rejetés, mais la notion qu'ils supposent paraît n'avoir même pas été mise en doute.

En ce qui concerne le droit grec, nous avons fort peu de documents. Grotius (2) cite cependant une ancienne

(1) Certaines législations ont fait du recel (qui est regardé en droit français comme un cas de complicité) un délit spécial. Mais en même temps elles suivent pour punir le recéleur des principes qui sont semblables à ceux de la complicité. Ainsi en Belgique dans le Code de 1867, art. 505 et 506, on punit le recéleur de peines variables. En Allemagne, on distingue selon que le recéleur a agi dans son propre intérêt ou non. Au premier cas la peine du recéleur varie suivant la gravité du fait principal ; au second cas il y a une peine fixe.

(2) *De jure belli ac pacis*, t. 2, p. 112.

loi d'Athènes qui punit de la même peine que l'auteur celui qui avait conseillé de commettre un crime.

Le droit romain nous présente un certain nombre de décisions relatives à notre objet, mais elles sont souvent obscures et parfois contradictoires. Malgré tout il semble que le système de l'identité de la peine pour l'auteur et le complice fut en vigueur. Les principes ne sont pas très nets, car les jurisconsultes s'occupaient moins de définir le délit et de l'analyser que de régler les formes du jugement et de la procédure. Nous avons un texte d'Ulpien qui nous dit « *Nihil interest occidat* « *quis an causam mortis præbeat. Mandator cædis pro ho-* « *micida habetur* (Loi 15, Dig. XLVIII, 8) », et cette règle subsiste encore au Bas-Empire (1).

Les lois barbares adoptèrent, au contraire, le principe de l'emprunt relatif de criminalité. La loi salique prévoyait pour les divers agents une composition ou wehrgeld plus ou moins forte ; la loi Ripuaire pose une règle analogue. — « *Actores facti interficiuntur*, dit un « capitulaire de Charlemagne, *adjutores vero eorum sin-* « *guli alter ab altero flagellantur et nares sibi invicem* « *præcidant* (Pertz, *Monu.*, III, p. 133). »

Le droit canonique reprit, en l'exagérant, le système romain c'est-à-dire l'emprunt absolu de criminalité. Ceci s'explique facilement, quand on se rappelle qu'il

---

(1) Voir L. 1. C. *De his qui latrones* (Const. des empereurs Valentinien, Valens et Gratien). L. 9, Cod. *ad. leg. Jul. de vi* (Const. des empereurs Honorius et Théodose). — Instilut., IV, 1, § 11 et s.

confond souvent, dans ses décisions, le péché et le délit ; il mesure surtout les peines sur l'intention. « *Consulens*, dit-il, *est vera causa moralis in effectum.* »

Si nous passons au droit féodal, nous voyons que, dans certains cas, le seigneur et ses vassaux étaient solidaires. Plusieurs ordonnances punissent de la même peine les complices et les auteurs principaux (1).

Plus tard, les mêmes principes sont encore observés. L'ordonnance de 1670, titre 16, article 4, prohibe les lettres d'abolition pour les duels et les assassinats « tant aux principaux auteurs qu'à ceux qui les auraient assistés... ». Jousse (2) nous apprend d'ailleurs que la jurisprudence des Parlements, grâce aux règles des décisions arbitraires, avait parfois tempéré cette rigueur, et qu'elle avait introduit les distinctions établies par les lois romaines et les docteurs.

Nous trouvons au XVIIIe siècle, Beccaria (3), qui s'éleva contre le principe de l'emprunt absolu de criminalité. Après avoir parlé de la tentative, pour laquelle il préconise l'emploi d'une peine atténuée, il ajoute : « la même gradation dans les peines doit être suivie, mais pour une raison différente à l'égard des complices d'un

---

(1) En ce sens les *Etablissements de St-Louis*, par. 31. Ordonnances du 22 décembre 1477, de mars 1515, de décembre 1559. Jehan Bouteiller dans le *Grand Coutumier*, liv. 1, tit. 29, écrit : Quand plusieurs sont à un délit que les uns font et les autres non, *lesquels sont coupables du délit.*

(2) Tome 1, p. 17. Cfr. Muyart de Vouglans, p. 10.

(3) *Des délits et des peines*, chapitre 36.

crime, dont tous n'ont point été les exécuteurs immédiats. Lorsque plusieurs hommes s'unissent pour affronter un péril commun, plus ce péril sera grand, plus ils chercheront à le rendre égal pour tous, plus il leur deviendra donc difficile de trouver un d'entre eux qui veuille armer son bras pour consommer le crime, quand celui-ci se trouvera courir un danger plus imminent et plus terrible ».

Malgré l'influence de Beccaria, son opinion ne prévalut pas et le Code de 1791 (1) édicta le principe de l'emprunt absolu de criminalité ; comme il ne s'occupait que de la répression des crimes (*stricto sensu*) il en résulta que la complicité de délit ne fut pas punissable.

Lors des travaux préparatoires du Code pénal, la deuxième loi, qui contenait les articles actuels 59 et suivants, ne donna lieu à aucune discussion au Conseil d'État et au Tribunat (2). On se contenta de reproduire le Code de 1791 en le complétant quant à la complicité de délit. Cette législation n'a subi jusqu'ici qu'une seule modification, en ce qui concerne le cas de recel, mais les autres articles restèrent intacts. Nous aurons terminé ce qui concerne le droit pénal français en disant qu'il existe actuellement un projet de Code pénal qui

______

(1) Voy. C. P. 25 septembre-6 octobre 1891, 2e part., tit. III. Ce Code n'a en vue que les crimes, non les délits. Le décret du 19-22 juillet 1791 sur la police municipale et correctionnelle n'avait rien dit quant à la complicité, mais la jurisprudence appliqua la règle des crimes aux délits, Voyez Merlin, *Répertoire*, V° Complice.

(2) Locré, t. 29, 2e partie.

adopte également le système de l'emprunt absolu de la criminalité (1).

Cependant les jurisconsultes n'admirent pas en général cette opinion. Ce qu'ils attaquaient surtout, c'était la communicabilité des circonstances aggravantes réelles et personnelles au complice, communicabilité qu'une loi de 1832 sur le recel (2) avait affirmée *a contrario* pour les premières, et que la jurisprudence admettait pour les secondes (3). Ces décisions leur paraissant contraires à la justice, ils se prononçaient généralement en faveur du système de l'emprunt relatif, posant ainsi en principe la diminution de la peine pour le complice (4).

En même temps, il y eut de nombreux travaux sur les modes de complicité (Rossi dans son *Traité de droit pénal* assimila le provocateur à l'auteur), mais ces théories n'affectent en rien la notion de la complicité et leurs auteurs eux-mêmes étaient les premiers à soutenir la distinction fondamentale de l'école classique.

---

(1) Projet de Code pénal de 1893, art. 82. Les complices d'un crime ou d'un délit seront punis de la même peine que les auteurs de ce crime ou de ce délit, sauf dans les cas où la loi en aura disposé autrement.

(2) Voy. art. 63 actuel du Code pénal.

(3) Un des arrêts les plus importants est celui du 12 octobre 1882, S. 84.1.153, qui fournit un argument *a contrario* d'une très grande force. La jurisprudence décide également (15 juin 1860, D. 61.1.147) que peu importe que le complice ait connu ou non l'aggravation.

(4) Chauveau Adolphe et Faustin-Hélie, *Théorie du Code pénal,* 1, n° 274 et Rossi, *Traité de droit pénal,* t. 2, 188.

§ 2. — Législation comparée.

Les législations étrangères admettent également cette distinction.

En Angleterre, au cas de félonie, c'est-à-dire pour la plupart des crimes graves, on divise les coparticipants d'un même délit en coopérateurs principaux et accessoires. Les coopérateurs principaux comprennent les agents principaux du premier degré qui exécutent le crime et qui correspondent aux auteurs, et les agents principaux du second degré (principal of the second degree) qui ont aidé et encouragé les premiers : ce sont nos complices. Les coopérateurs accessoires (accessory before the fact) sont les agents qui n'étaient pas présents lors de l'exécution, mais qui ont adhéré au crime, soit avant, soit après le fait. En règle générale, la peine des agents principaux du second degré est la même que celle des agents du premier. Pour les coopérateurs accessoires, la peine est ordinairement moindre. Au cas de treason ou de misdemeanors (1) les provocateurs et complices sont désignés comme auteurs principaux. La législation anglaise, on le voit, emploie en même temps les deux systèmes d'emprunt.

Dans les autres pays d'Europe, on peut dire que c'est

______

(1) On appelle treason les délits par le « statute of treasons » (de l'année 1351, 25 Ed. III, stat. 5, cap. 2) et misdemeanors les délits qui ne rentrent pas dans les autres classes (*Droit crim. des Etats européens*, Von Liszt).

le système de l'emprunt relatif qui est généralement employé, sauf pour certains modes de la complicité comme la provocation. L'emprunt absolu n'est qu'une exception.

Le Code hollandais de 1881 pose un maximum de peine moins élevé pour le complice que pour l'auteur : il est ordinairement des deux tiers (art. 47, 48 et 49).

En Italie (Code pénal de 1889, art. 63) on distingue l'auteur et le coopérateur immédiat d'une part et les complices de l'autre. Les premiers encourent la peine totale, les seconds la même peine diminuée d'un sixième ou de moitié suivant les cas. Les qualités aggravantes sont personnelles, sauf le cas où elles ont été connues et ont servi au délit. Le coopérateur immédiat est un véritable complice pour lequel on emploie le système de l'emprunt absolu.

Le Code belge de 1867 (art. 66 et 67) inflige au complice la peine immédiatement inférieure à celle qu'il encourrait s'il était auteur. Le recel (art. 505 et 506) est un délit spécial mais dont la peine varie avec la gravité du fait principal. Comme dans le Code hollandais (art. 50) les circonstances aggravantes restent personnelles à celui chez qui elles se trouvent.

Le Code de l'Empire allemand de 1871 (art. 49 et 50) punit le complice d'une peine réduite comme pour la tentative. Cependant l'article 48 décide comme dans la plupart des Codes des autres pays que le complice par provocation subira la même peine que l'auteur principal. Les qualités personnelles restent sur la tête de celui en qui elles se rencontrent.

Ainsi, les principales législations reconnaissent la distinction fondamentale entre l'auteur et le complice. Les seules différences consistent dans les manières diverses d'envisager les modes de complicité, mais la notion classique est seule en vigueur.

(1) Nous bornons ici l'étude des législations étrangères. Nous pourrions encore parler du Code génevois de 1874, du Code pénal du Grand duché de Finlande de 1880, du Code hongrois de 1878, etc., mais les principes étant toujours identiques, cette énumération serait inutile.

CHAPITRE II

THÉORIE DE LA COMPLICITÉ. — DÉLITS DISTINCTS.

SECTION PRÉLIMINAIRE. — Origine de la nouvelle théorie. — SECTION I. — Théorie de M. von Buri. — SECTION II. — Théorie de l'école italienne anthropologique. — SECTION III. — Théories de l'union internationale du droit pénal. — §1. Théorie de M. von Liszt. — § 2. Théorie de M. Foinitsky. — § 3. Rapports pour le congrès de 1895. — A. Rapport de M. Nicoladoni. — B. Rapport de M. Getz.

SECTION PRÉLIMINAIRE. — Origine de la nouvelle théorie.

Si la notion de la complicité n'avait jamais été attaquée en elle-même, il y eut cependant un point très délicat qui fit l'objet de nombreuses discussions. Il s'agit de déterminer le critérium de la distinction entre l'auteur et le complice. En France cette question fut peu étudiée, et les jurisconsultes paraissent ne pas y attacher une grande importance. Pour eux il faut se fonder sur le côté objectif du crime. Celui qui a pris la part la plus considérable aux actes constitutifs du crime est l'auteur, celui qui a joué un rôle moins important est le complice. Cette distinction inspirée d'ailleurs par le Code pénal a été à peine modifiée dans nos livres de droit. Cependant à une certaine époque, sous l'influence de

Rossi, qui considérait le provocateur comme une cause du crime, et le punissait comme auteur, on distingua non plus d'après les actes objectifs, mais d'après la participation principale et la participation secondaire, cette dernière pouvant ne consister qu'en actes intellectuels. Pour le reste rien ne fut modifié (1).

Mais en Allemagne la question fut discutée avec beaucoup plus d'ardeur et un grand nombre d'ouvrages, de monographies sur la complicité, parurent dans le courant de ce siècle. Sans entrer dans les détails nous dirons que les origines de ces discussions sur le critérium de la complicité remontent dans le droit moderne à Feuerbach. — Depuis lors, et successivement, nous pouvons compter trois tendances (2).

a) La tendance objective, la première en date. Les auteurs recherchent la distinction dans les actes objectifs.

b) La tendance subjective, réaction contre la précédente, où l'on décide que c'est dans le côté intentionnel qu'il faut rechercher la base de la distinction.

c) La tendance mixte disant que le critérium de la distinction cherchée doit satisfaire aux deux côtés, matériel et intellectuel, du crime.

Mais ces luttes de doctrines ne donnèrent — et ne pouvaient donner — aucun résultat pratique positif.

Aussi certains jurisconsultes en arrivèrent-ils à nier

_____

(1) Voir Rossi, *Traité du droit pénal*, t. 2, p. 188 et s.
(2) Mintz, *Lehre von der Beihilfe*. 1892.

la possibilité d'admettre cette distinction. Les uns aboutirent à cette négation malgré eux et contraints par les nécessités de raisonnements trop absolus ; les autres, au contraire, crurent à l'inutilité de pareils recherches et se déclarèrent sceptiques, c'est-à-dire affirmèrent qu'il n'y avait aucune différence entre l'auteur et le complice. L'un des plus célèbres défenseurs de cette nouvelle opinion fut M. von Buri, qui avait commencé par chercher le critérium demandé dans une notion intentionnelle (1). Il admettait l'équivalence de tous les actes objectifs. Au point de vue juridique, dit-il, tous les coparticipants sont auteurs. La dépendance n'existe qu'au point de vue subjectif, mais il ne s'en suit pas de là que la complicité ait un caractère accessoire. Le complice, agit sans doute, dans l'intérêt d'un autre, mais il est « son propre but à lui-même ». De là sa responsabilité, propre, indépendante.

Cette déduction qui devait quelques années plus tard donner lieu à une modification totale de la doctrine classique resta isolée assez longtemps. Cependant bien avant M. von Buri, Henke (2), repoussant également le critérium objectif, disait que la distinction d'auteur et de complice était absolument insignifiante, qu'elle ne fonde qu'une simple différence quantitative et non qua-

______

(1) M. von Buri a écrit divers ouvrages sur ce sujet : notamment certains articles, dans le *Zeitschrift für die gesammten Strafrechtswissenschaft*. Son œuvre capitale sur ce point est la *Lehre von der Teilnahme*, 1860.

(2) *Handbuch des Criminalrechts*, 1823.

litative. Cette critique, établie par son auteur pour motiver un critérium subjectif, n'eut pas non plus une grande portée. Mais ces essais devaient être repris de nos jours.

En effet, en dépit des efforts continuels des législateurs, des magistrats et des auteurs, la criminalité, en Europe, ne cessait de s'accroître. De là un nouveau mouvement très accentué vers les études criminelles et la création d'un grand nombre de sociétés nationales et internationales.

Parmi ces dernières il nous faut citer l'école anthropologique créée en Italie par le docteur Lombroso (1), école dont la principale tendance consiste à examiner le criminel en lui-même. Bien que postérieure à von Buri, la *nuova scola* n'a en rien subi son influence, et il ne semble pas que ses principaux défenseurs l'aient connu (2). Mais donnant comme lui toute l'importance au côté subjectif du crime, et ne considérant le côté objectif que comme une simple indication, elle permet de supposer la négation de l'unité de délit.

Quelques années plus tard, s'établit en Allemagne une société de jurisconsultes, dont les membres furent d'abord peu nombreux. Cependant les adhésions ne

----

(1) Le livre du docteur Lombroso l'*Uomo delinquente* a été publié en 1876.

(2) Cette affirmation n'est exacte qu'en ce qui concerne les premiers défenseurs de l'école anthropologique, car M. Sighele dans la *Teoritapositiva de la complicita* (1894) fait une étude particulière de M. von Buri et de M. von Liszt.

cessant pas de se produire, l'extension de ce groupe devint très rapide. En 1889, on le réorganisa sur de nouvelles bases et il prit le nom d'*Union internationale du droit pénal*. Il nous faut remarquer que l'Union ne constitue pas une école proprement dite car, outre que les statuts ne sont pas imposés aux sociétaires, ceux-ci appartiennent à différentes écoles, classique, anthropologique, éclectique etc. Néanmoins elle a proposé des théories qui ne semblent pas concilier les caractères de ces différentes écoles et c'est ainsi qu'en ce qui concerne la complicité, nous verrons que la doctrine nouvelle, que nous appellerons doctrine de l'Union internationale, n'est rien moins qu'une œuvre de conciliation.

Nous allons examiner successivement ces différentes théories dans l'ordre chronologique : nous aurons ainsi trois sections : l'une consacrée à un rapide examen des théories de M. von Buri, précurseur de la doctrine nouvelle, l'autre consacrée aux conclusions de l'école anthropologique, enfin, dans la dernière nous étudierons les règles principales de la doctrine de l'Union internationale.

SECTION I. — **Théorie de M. von Buri.**

Nous avons dit (page 24) que la doctrine allemande du XIX° siècle, après avoir adopté comme critérium de la distinction entre l'auteur et le complice un élément objectif, avait ensuite abandonné ce point de vue et cherché ce critérium dans le côté subjectif du crime.

L'un des premiers défenseurs de cette théorie, Henke, avait dit que la participation pouvait être parfaite ou imparfaite. La participation était parfaite lorsque tous les co-participants étaient mus par un intérêt semblable : peu importait d'ailleurs que les actes commis par eux fussent ou non essentiellement équivalents : tous étaient auteurs. Ceux qui au contraire n'avaient pas le même intérêt, qui ne connaissaient pas le but cherché, faisaient des actes de participation imparfaite, étaient des complices. Il résultait de cette assertion qu'un simple complice pouvait commettre l'acte essentiel d'un crime ! Nous retrouverons cette conclusion dans M. von Buri (1).

Toutes les forces, dit-il en effet, ne sont pas seulement également nécessaires, mais sont aussi également essentielles pour le résultat. Par suite la distinction doit être cherchée dans le principe subjectif. Or tous ceux qui participent à un crime veulent l'existence du résultat, sinon ils s'abstiendraient de toute participation. La différence entre eux se montre dans le but que chacun poursuit en accomplissant le crime. Si donc l'un des participants veut atteindre son propre but, tandis que l'autre n'a voulu que permettre au premier d'atteindre le but qu'il s'est fixé, la volonté de ce dernier

____

(1) **Voy.** *Zeitschrift* de 1882.

est dépendante de ce but : le complice place son activité, née de sa volonté, à la disposition de l'auteur. Il reconnaît une volonté supérieure à la sienne. Nous arrivons donc à ceci que le même acte peut rendre auteur ou complice, suivant l'intérêt de l'agent au crime. L'action essentielle n'a qu'une signification subjective.

Buri a été ainsi conduit à mêler et à supprimer mutuellement la distinction d'auteurs et complices, et les différents modes de participation. En effet, selon lui on se trouve en face de criminels dont les uns ont agi dans leur propre intérêt et les autres dans l'intérêt des premiers. Il est impossible de considérer la complicité comme produisant des effets juridiques spéciaux. Le dessein matériel du complice seul dépend de celui de l'auteur. Son dessein formel aussi bien que son acte objectif est indépendant. Qu'importe qu'en même temps que lui l'auteur commette aussi un acte punissable ! Cela ne change pas l'activité du complice, « sa volonté ne devient ni pire, ni meilleure ».

Telle est la théorie de M. von Buri, curieuse en ceci que son auteur n'admet pas qu'on puisse mettre en doute la distinction entre l'auteur et le complice. Mais il est forcé par le critérium qu'il a adopté de poser des conclusions absolument opposées à la doctrine classique. Nous l'avons résumée pour montrer le point de départ de la nouvelle doctrine en même temps que pour donner une idée des discussions auxquelles ont abouti les recherches du critérium entre l'auteur et le complice.

SECTION II. — **L'école anthropologique.**

Au premier abord, il semblerait logique de présenter actuellement les propositions de la théorie nouvelle, puisque c'est en Allemagne qu'elles se sont surtout répandues. Toutefois entre M. von Buri et l'Union internationale se place l'école anthropologique. Outre cette raison chronologique, il nous faut rappeler que certains membres de l'Union font partie de cette école. Aussi croyons-nous préférable de passer en revue les idées de la *nuova scola* en ce qui concerne la complicité.

L'école nouvelle ne regarde pas le crime comme une infraction juridique, une défense faite *a priori* par la loi, comme un fait abstrait mais comme un fait naturel concret. Dès lors il faut étudier le crime, fait naturel, dans les conditions naturelles où il se produit. Ces conditions tiennent à l'homme (de là l'étude de l'anthropologie criminelle, ou à la société (d'où la sociologie criminelle). Ces deux études permettront de trouver des procédés de défense sociale applicables (1).

Les études des partisans de ces doctrines peuvent être divisées en deux classes principales, les études anthropologiques commencées par le docteur Lombroso, qui a énuméré les anomalies physiques, physiologiques et psy-

----

(1) Voyez l'*Uomo delinquente* du docteur Lombroso, la *Criminalogie* de M. Garofalo, la *Sociologie criminelle* de M. Enrico Ferri. Les ouvrages de M. Tarde présentent également des points de ressemblance avec les livres ci-dessus désignés.

chologiques du criminel, et les études sociologiques dont.
le premier représentant a été M. Enrico Ferri, où l'on
recherche les moyens de réprimer le crime. M. Ferri
considère comme tels les substitutifs pénaux, moyens
permettant d'empêcher indirectement le crime.

Laissons de côté le point de vue sociologique de la
nouvelle école et considérons le criminel lui-même. Il
peut être criminel-né : ceci se manifestera par les anomalies ci-dessus mentionnées ; remarquons que parmi
les anomalies psychologiques, la plus importante serait
que le criminel n'a pas de sens moral c'est-à-dire que
s'il sait la différence entre le bien et le mal il ne *sent*
pas cette distinction, il n'a aucune impulsion vers le
bien. Mais le criminel peut aussi être criminel d'occasion, d'accident, *criminaloïde* ; au lieu d'une impulsion
vers le mal, il n'a qu'une simple tendance, tendance qui
l'empêchera de résister quand une occasion de commet·
tre un crime se présentera. Dans l'un et l'autre cas, le
criminel doit être considéré comme un malade, car il
n'est pas libre. Ceci posé, la société ne pouvant tolérer
un pareil état de choses directement contraire à son
existence est forcée de prendre certaines mesures contre
le criminel. Il n'y a pas une responsabilité individuelle
mais il y a une responsabilité sociale : les lois sociales
exigent que le criminel (qui s'insurge contre elles suivant les uns parce que lui-même est un « revenant » (1)

____

(1) C'est l'opinion de M. Lombroso.

sauvage par suite d'une régression atavique, suivant
d'autres c'est un dégénéré (1)) s'adapte à la société,
sinon il doit être éliminé relativement ou absolument.
Il y a donc lieu de chercher s'il est susceptible de se prêter à cette adaptation.

Il résulte de là qu'on doit faire suivre à chaque criminel un « traitement » différent suivant les symptô-
mes qu'il accuse. Appliquons ceci à la complicité.

Tout d'abord nous devons noter quelques reproches
spéciaux à la théorie classique de la complicité. « La théorie de la complicité suivant l'école classique, écrit Ferri,
a donné lieu au « byzantinisme » des différentes espè-
ces de complices, nécessaires et non nécessaires, de
co-auteurs plus ou moins correspectifs, etc., en arri-
vant par exemple à la conclusion absurde que la peine
pour le mandant d'un crime doit être moindre si le
mandataire a lui aussi des motifs personnels pour commettre le crime, ou bien que le mandant doit être impuni si le mandataire n'exécute pas le crime (2) ».
D'ailleurs, en jugeant, il faut s'occuper non de l'abstraction appelée le délit, mais de l'être vivant appelé le délinquant, sinon on arrive à des conclusions absurdes.
Ainsi la loi punit le complice comme l'auteur principal. On ne comprend pas cette assimilation parce que
ces deux individus diffèrent peut-être profondément
par leur nature physique et morale, par leurs caractè-

(1) D'après M. Ferri.
(2) La sociologie criminelle.

res, leurs passions, par le danger inégal, dissemblable que leur impunité présentait. Celui qui, pour venger sa famille d'un outrage sanglant paie un sicaire afin d'en tuer l'auteur, est un criminel bien différent du sicaire assoldé qui exécute le meurtre ! Pourquoi les frapper tous deux d'une peine du même genre ? De même, pourquoi le même traitement serait-il dû au voleur de profession et au voleur novice entraîné à la suite du premier ? On insiste encore sur la nécessité du fait principal dans l'école classique. « Il faut rechercher, dit Garofalo, « à propos du mandat, si le criminel a de bonnes rai- « sons pour croire que son agent aurait été un instru- « ment apte à la consommation du crime. L'argent payé, « la parole donnée, l'auteur du mandat a fait pour sa « part tout ce qu'il fallait ! Qu'importe qu'il y ait ou non « exécution ? Comment, l'action ou l'omission d'un autre « homme peut me rendre coupable ou innocent ? Com- « ment, lorsque je n'ai rien à ajouter pour qu'un crime « s'accomplisse, ce que j'ai fait peut être tout ou peut « être rien, selon ce qu'un autre en aura décidé sans « le porter à ma connaissance (1) ? »

Les critiques contre l'école classique se retrouvent chez la plupart des auteurs de la *nuova scola*, mais nous devons noter qu'ils ne s'occupent de la complicité que d'une manière incidente au cours d'ouvrages généraux. Il semble qu'ils aient confié à l'un d'entre eux cette

______

(1) *Op. cit.*

étude particulière. M. Scipio Sighele en effet a, jusqu'ici, pris presque uniquement la complicité pour sujet de ses travaux, principalement dans la « *Teorita positiva de la Complicita* », et aussi dans « la Foule criminelle » et « le Crime à deux ».

M. Sighele, suivant en cela les critiques générales de la nouvelle école, reproche à l'école classique d'avoir considéré la complicité à un point de vue trop exclusivement métaphysique. Les deux systèmes de l'emprunt de criminalité absolu ou relatif contiennent chacun une part de vérité, le premier en reproduisant dans la peine la solidarité qui a existé dans la perpétration du délit, le second en proportionnant la « réaction sociale » au fait du participant. Mais en pratique c'est M. Von Buri qui le dernier a soutenu l'identité nécessaire de la peine.

Quoi qu'il en soit, il faut avouer que le problème cherché par les jurisconsultes classiques, de graduer et d'établir *a priori* la peine entre les participants est difficile. Le nombre et la fausseté des critériums proposés démontrent ceci. Sans doute il y a des auteurs principaux et des auxiliaires, mais on ne peut dire d'avance quelle forme de complicité est principale, quelle forme est secondaire. Toutes ces complications sont inutiles et il vaut mieux procéder avec simplicité. Ces classifications n'aboutissent qu'à créer un monde fictif, mal adapté au monde réel. Rossi lui-même l'a dit : « La loi serait incomplète ou tyrannique si elle descendait au détail ». Ne serait-il pas préférable de laisser dans la loi une certaine latitude ? Le juge seul peut trouver une graduation de la peine qui corresponde au degré de culpabilité.

D'ailleurs, en posant en principe le seul critérium objectif, on oublie le phénomène psychologique. L'ancienne distinction peut parfois répondre à une différence de temibilité. Cela cependant n'a rien de nécessaire. Ces divisions *a priori* ne pourront s'adapter à beaucoup de cas. Au lieu de chercher uniquement la part prise, il est préférable d'étudier le caractère du délinquant. Suivant l'expression de M. Sighele, on ne dira plus « à chacun selon ses œuvres » mais « à chacun selon sa méchanceté ». Il faut pour chaque délinquant graduer, individualiser la peine.

L'auteur italien examine un troisième caractère de la complicité, l'association ; nous ne l'étudierons pas avec lui, car il déduit de l'existence de ce caractère la nécessité de faire de la complicité une circonstance aggravante. Or cela n'altère en rien la notion de la complicité ; même avec la notion classique on pourrait très bien concevoir que l'association de plusieurs criminels fut une cause d'augmentation de peine.

Quelle est donc l'influence de l'école anthropologique dans la conception nouvelle ? Elle peut se résumer en deux chefs.

a) Dans un délit il ne faut pas se préoccuper du délit mais du délinquant ; rechercher quel traitement lui sera applicable, cela signifie qu'il faut plus tenir compte de son caractère que de ses actes ; il y a déjà un élément d'individualisation à outrance, c'est-à-dire que sous prétexte de considérer plus l'homme que le délit, on laisse celui-ci de côté.

b) On abandonne, ou plutôt on n'étudie pas l'unité de délit : M. Sighele paraît n'attacher aucune importance à cette question : il parle de l'auteur, du complice, d'une façon incidente et il semble ne maintenir ces termes classiques que pour la commodité et la clarté du sens. Remarquons-le bien, l'école anthropologique, jusqu'ici du moins, n'a pas été aussi loin que l'Union internationale. Nous ne rencontrons dans ses ouvrages aucune négation formelle de l'unité de délit, mais on dirait plutôt qu'il y a là une idée inutile pour la science pénale. Au contraire tous les défenseurs de la *nuova scola* paraissent admettre la circonstance aggravante dans la complicité, ou au moins dans la complicité préméditée.

Nous retrouverons le premier de ces chefs, l'étude, non plus exclusive mais principale, du délinquant dans la doctrine nouvelle. Au contraire pour le second, la négation est beaucoup plus catégorique dans la théorie de l'Union internationale.

SECTION III. — Théorie de l'Union internationale du droit pénal.

§ 1. — Théorie de M. Von Liszt.

M. von Liszt, professeur à l'université de Halle, est l'un des membres les plus considérables de l'Union internationale du droit pénal, et c'est à lui que l'on doit la discussion et les rapports du Congrès de 1895 en ce qui concerne la complicité. Sa théorie a été exposée par lui à diverses reprises dans des revues allemandes et étrangères, et surtout dans son « Lehrbuch des deutschen Strafrechts (1) ».

Nous avons vu que M. von Buri se plaçant sur le terrain de la causalité, déclare que toutes les actions objectives qui constituent un crime sont équivalentes : les causes et conditions déterminent fatalement et avec la même importance ce crime. M. von Liszt a repris cette idée en ces termes : « celui qui pose une condition pour un résultat est responsable de ce résultat ». Chacune des conditions en effet est égale aux autres. La doctrine classique s'efforce de distinguer la cause de la condition. C'est absolument inutile, déclare M. von Liszt, l'acte d'un homme ne peut jamais être la cause d'un résultat (2).

(1) Parmi les journaux périodiques citons le *Bulletin de l'Union internationale du droit pénal.*

(2) On a dit souvent en effet, que l'auteur principal était la cause du crime et que le complice en avait seulement posé une condition.

Il est amené par une suite de circonstances extérieures qu'on ne peut écarter sans modifier le cours des choses. En d'autres termes : « L'acte de l'homme est la cause d'un résultat, dans lequel la cause n'est qu'une des nombreuses conditions nécessaires du résultat (1) ». Ainsi sont abandonnées toutes les distinctions non seulement entre cause et condition, mais encore entre cause efficiente et cause secondaire. Il n'y a plus que des conditions : toute distinction manque de fondements objectifs solides, et l'on est obligé, pour la maintenir, d'édifier une théorie purement subjective, au lieu de connaître ce qui est, c'est-à-dire la parfaite indépendance de ce qu'on appelle à tort les actes d'assistance.

Comme on peut le voir, M. von Liszt arrive à la même conclusion que M. von Buri, mais en même temps il repousse la distinction subjective qu'a établie ce dernier ; sa négation est beaucoup plus absolue.

M. von Liszt est déterministe : il refuse par suite à l'homme la faculté d'être cause première d'un acte. Aussi la construction de la provocation dans l'école classique, qui admet le libre arbitre, lui semble-t-elle en contradiction avec les principes de cette école. « On peut considérer, dit-il, la provocation comme une chose amenant indirectement un résultat, comme une cause grâce à laquelle l'influence de ceux qui agissent n'est qu'un anneau de la chaîne des causes et des

____

(1) *Lehrbuch des deutschen Strafrechts.*

effets ». La provocation est alors une action médiate (1). Mais on a objecté à cette conception, qui
seule est étudiée scientifiquement et appliquée prati-
quement, qu'elle semble faire de l'auteur matériel un
outil dans les mains du provocateur. C'est contredire la
liberté morale ! Si l'on admet la liberté il faut au contraire, abandonner le provocateur qui est en dehors du
rapport de cause à effet, le laisser impuni ! Personne
n'aurait le courage de poser une telle conclusion, qui est
cependant inévitable et alors on aboutirait à ceci : il
n'y a pas rapport de causalité entre l'action du provocateur et le résultat criminel obtenu par l'action libre
et intentionnelle d'un auteur responsable au point de
vue pénal ; en même temps on considérera ce provocateur comme ayant commis un acte de participation,
comme ayant pris part à l'acte commis par l'auteur matériel : la provocation dépend de l'acte commis ! N'est-
ce pas là une véritable contradiction (1) ?

Il y a un dernier reproche à adresser à l'école classique. Puisque l'on admet que le complice emprunte la
criminalité du fait principal, sa punissabilité devrait
augmenter quand certaines circonstances augmentent
la peine afférente à ce fait, ou quand il existe certains
rapports personnels de la part de l'auteur matériel —
et inversement les circonstances qui se produisent
dans la personne du complice ne devraient pas entrer
en considération. Le droit positif n'a pas consacré cette

(1) *Lehrbuch*, p. 194.

conséquence de la dépendance de la complicité. Chacun
supporte les causes d'aggravation qui se produisent en
sa personne.

Au congrès de Linz en 1895 (1), M. von Liszt a résumé toute la nouvelle doctrine :

Le droit classique, a-t-il dit, faisait reposer la question de la participation sur des notions subtiles, qui
pour la plupart sont dénuées de valeur théorique et
inappréciables en fait.

La coopération et la complicité sont deux notions
qui, jusqu'à présent n'ont pu être distinguées. Cette
séparation amène des difficultés pratiques : elle est
inutile, même pour la mesure de la peine. La nouvelle doctrine n'attache aucune importance à ces distinctions, et les considère comme superflues.

En outre, la doctrine classique regarde la participation comme accessoire : celui qui a coopéré à un délit
est puni non à raison de son exécution personnelle, mais
à raison de sa participation au fait d'autrui ; c'est là
une conséquence de l'introduction du libre arbitre dans
le droit pénal, où il est cependant inutile.

Pourtant, on ne peut laisser impuni celui qui s'est
servi de la folie d'autrui pour commettre un délit. C'est
à cela qu'aboutit la doctrine classique, qui n'ose déclarer
que la provocation est toute entière un fait intellectuel.
Au contraire si l'on admet cette proposition il n'y a plus

____

(1) Bulletin de 1895.

de différence entre la provocation et le fait lui-même ou plutôt la provocation n'est qu'un cas particulier de l'action.

Nous arrivons ainsi à une simplification des notions. Il n'y a plus de distinctions sans portée : chacun est responsable de ses actes.

§ 2. — Théorie de M. Foinitsky.

Comme M. von Liszt, M. le professeur Foinitsky est depuis longtemps partisan de la nouvelle doctrine et il l'a exposée dans une étude *Der Strafrechtliche Doktrin der Teilnahme* (1), dont nous allons donner l'analyse.

D'après la doctrine dominante. il n'y a au cas de complicité qu'un seul crime, et par suite une seule faute commune à tous les participants. Cette faute commune suppose non seulement un seul dessein criminel, mais aussi une direction homogène de volonté. La marque extérieure nécessaire de la complicité consiste en une convention préalable. Il y a donc quatre éléments essentiels dans la complicité : une action punissable exécutée intentionnellement par tous les auteurs ou complices, un dessein uniforme, une tendance unique de tous les actes vers un résultat extérieur, enfin une convention antérieure, expresse ou présumée.

Dans ces conditions, on parle d'unité de faute, et de celle-ci découle l'unité de peine (plus ou moins stricte).

(1) *Zeitschrift*, Année 1892, p. 57-87.

Chacun est responsable de tout ce qui a été exécuté.

A la construction de l'école classique, on peut faire deux reproches.

a) La doctrine classique est trop scolastique en ce qu'elle admet des présomptions opposées à la nature des choses, et qui contredisent les principes fondamentaux du droit pénal.

En effet, la condition exigée de l'unité de dessein ne peut avoir lieu. Chacun a pris part à l'exécution commune d'après sa décision de volonté particulière : il y a autant de desseins que de participants. Tous ces desseins peuvent présenter une ressemblance complète, mais jamais l'unité ; sinon on arriverait à une véritable absorption de la volonté de chacun par la volonté générale, c'est-à-dire qu'il n'y aurait plus de liberté. En pratique d'ailleurs, chacun est incité à l'action par divers motifs, et si le motif se distingue du dessein, il n'en est pas moins vrai que le caractère du motif se réfléchit dans la qualité, l'énergie, l'état, la forme du dessein.

D'autre part, on ne peut envisager de la même manière toutes les actions qui ont lieu au cas de complicité. Les unes ont pour but la production immédiate du résultat; les autres tendent à se servir de forces étrangères qui produiront aussi ce résultat ; d'autres enfin n'auront en vue que d'aider physiquement ou moralement cette production. Est-il possible en ce cas de parler non seulement d'unité de dessein, mais encore d'identité de faute? Peut-on placer sur le même degré un homme qui veut poignarder son ennemi et l'armurier qui lui a vendu le poignard? Le premier a un dessein de mort, le second un dessein de faire acte, blâmable peut-être, de son métier. Si cet usage du métier ne peut être souffert en soi, il n'en est pas moins vrai qu'il est complètement distinct du meurtre.

La communauté de faute des complices paraît donc une véritable présomption. On l'a adoptée parce qu'il est difficile, presque impossible d'établir un rapport de causalité entre le résultat et l'acte de chacun, considéré isolément. Aussi présume-t-on que chacun avait pris part, et avait voulu prendre part à tous les actes qui ont produit le résultat, et déclare-t-on que le fait ainsi commis a une signification pénale, constitue une seule action punissable ; par suite le désir d'amener ce résultat est un dessein criminel, qui lie tous les coparticipants dans une communauté solidaire criminelle.

Cette construction présente en outre deux défauts. Tout acte de coparticipation n'est pas nécessairement un seul acte criminel. Le jurisconsulte doit en effet chercher, dans un résultat donné, les éléments qui le composent. Or, à un seul résultat extérieur peut correspondre non pas une seule, mais plusieurs fautes. Ainsi un homme est tué par trois individus : le premier avait prémédité son meurtre, le second a agi à la suite d'une pensée soudaine, le dernier ne voulait que faire une blessure légère. Ne sommes nous pas en face de plusieurs crimes, malgré l'unité du résultat extérieur? et n'y a-t-il pas là des faits visés dans plusieurs dispositions légales distinctes? Cela aurait lieu d'une manière beaucoup plus évidente dans certains cas, par exemple dans l'émission de fausse monnaie.

S'il n'y a pas unité d'action, par là même, la proposition que la faute générale des participants est seulement fondée par l'exécution générale d'une seule et même action punissable, cette proposition est inexacte : il y a là une présomption mal fondée.

Le second défaut de la construction classique consiste dans la déclaration que chacun a pris part et a voulu prendre part à tous les actes du résultat : en réalité on doit se demander en face d'un résultat, s'il eut été possible en l'absence d'un acte donné : si cet acte était inutile, il n'y a pas causalité entre le résultat et lui. La convention, même constatée d'une façon certaine, n'exclut pas la question sur le rapport de causalité, en ce qui concerne chacun des coparticipants. Il faut que chacun ait joué un rôle dans l'exécution.

En tenant si peu compte de la question de causalité, la doctrine classique affaiblit sa théorie, car la complicité devient une notion beaucoup trop étendue, et comprend ainsi des cas où il est impossible de distinguer ce qui est criminel, et ce qui ne l'est pas. Les dispositions de législation deviennent trop compréhensives. Tous les cas d'influence psychique, d'assistance y seront nécessairement contenus.

b) Le second reproche que l'on peut faire à la doctrine classique est d'être incomplète. Elle ne comprend pas les crimes par imprudence, au moins d'après la plupart de ses partisans. En ce cas, on ne s'occupe que des règles de causalité, sans s'inquiéter des règles de complicité. Il en est de même, quand l'acte d'un des complices ne constitue pas une tentative punissable, comme cela a lieu pour la provocation manquée.

Telles sont les critiques adressées à la doctrine classique de la complicité. Examinons maintenant la partie positive de l'ouvrage de M. Foinitsky.

Il faut prendre un autre point de départ plus conforme à la nature des choses. C'est l'homme, non l'action qui doit subir la peine, et l'homme dans son état psychique de criminalité, lorsque cet état a été manifesté dans certains phénomènes extérieurs. Cette manifestation forme l'acte punissable, qu'on ne peut abstraire par la pensée de l'état psychique personnel. Il n'y a dans une action que la manifestation de l'état d'une seule personne. L'action n'est que la condition extérieure de la peine, condition très fréquente sans contredit et qui constitue une garantie individuelle.

Nous avons vu que dans la violation d'une disposition de la loi, il peut y avoir coexistence de plusieurs actions. Il y a donc divisibilité de la faute. Dans le concours d'actions punissables on peut les envisager isolément. Le lien qui existe entre ces différentes actions est extérieur, sociologique, mais non psychologique ni pénal. Le jurisconsulte doit déterminer la faute individuelle l'activité de chacun constitue quelque chose de spécial, d'indépendant. Le droit criminel est basé en principe sur la responsabilité individuelle, et on abandonne cette notion en parlant de la participation punissable à une faute étrangère. En réalité chacun n'est responsable que pour sa faute. Même lorsque le lien qui unit le coupable à d'autres personnes est très serré, la faute est encore individuelle, spéciale.

C'est véritablement admettre des *quasi-delinquentes* que de punir quelqu'un pour le crime d'autrui. On ne peut être puni que pour la manifestation extérieure d'un état psychique. Nous arrivons ainsi à la conséquence *quot delinquentes, tot delicta*. La faute de chacun est indépendante et existe en soi. Pour juger une personne au cas de concours d'actions, il faudra recourir aux principes généraux de la causalité.

Cette réforme correspondra à l'état actuel de la civilisation. Autrefois les mouvements de masse étaient beaucoup plus fréquents; aujourd'hui la statistique nous montre que la criminalité collective disparaît : les résultats criminels s'individualisent. De plus les moyens scientifiques pour reconnaître les nuances individuelles de la faute se sont considérablement augmentés. Le passage du système de la responsabilité en masse au système de la responsabilité individuelle devient une nécessité urgente.

L'école classique connaît deux classes de complicité, l'instigation et l'assistance pouvant se subdiviser en modes dérivés de ces deux classes ; quant à la faveur, elle est généralement considérée comme un délit spécial.

En ce qui concerne l'instigation, ce sera une forme de faute distincte, qui comprend l'intervention d'un tiers responsable. L'instigateur agit comme l'auteur pour amener le projet à exécution. Il n'y a de distinction possible entre eux que pour les faits isolés. Chacun d'eux peut être considéré d'une manière absolument indépendante, d'après le degré de criminalité manifesté par lui et d'après les règles de causalité. La condition de la punissabilité de l'instigateur peut être subordonnée à l'existence d'un résultat, mais cela n'a rien de nécessaire. Cette règle est déjà admise.

Pour l'assistance, le complice dans l'ancienne théorie, ne se distingue de l'auteur que par le côté quantitatif de son acte vis-à-vis du résultat général. Ce n'est pas une distinction sérieuse. Il faut soumettre le complice à la même règle que l'auteur, car il est aussi un auteur. Pour les complices qui ont agi avant l'arrivée du résultat criminel, et n'ont pris part ni médiatement ni immédiatement à l'acte d'exécution, ils sont, au moins en général, une des causes du résultat, mais on ne peut le leur attribuer dans toute son étendue. Ils n'y ont pris qu'une part, et tout le reste doit leur demeurer étranger. Bien qu'ils aient en vue le résultat, leur dessein tend à la production de leur propre activité ; et c'est là une chose indépendante de l'activité étrangère. Il faudra donc le considérer d'une manière spéciale, et par suite leur peine sera fixée d'après leurs propres actes, et non d'après des actes qui leur sont étrangers.

Quant aux complices qui interviennent après la réalisation du fait, mais qui ont antérieurement promis leur assistance pour cette époque, leurs actes ne sont pas en rapport de causalité avec le résultat. Aussi peut-on dire que ce n'est que par suite d'une véritable tradition que l'école classique les joint à la complicité. Ce sont des délits *sui generis* absolument distincts.

Le législateur pourra ainsi considérer comme délits distincts les accords criminels, les complots et bandes, sans même s'inquiéter des résultats atteints, suivant que l'intérêt général l'exige en déclarant punissable ou la seule formation de telles associations ou l'adhésion à ces sociétés. Dans ces deux cas il y a, sans aucun doute une faute individuelle : la personne est regardée comme coupable du crime d'être membre de la société. Quant au résultat qu'une telle association a permis d'atteindre, chaque membre en sera responsable dans la mesure ou il l'a causé, médiatement ou immédiatement. Ce sera au législateur à rechercher en quels cas il devra prohiber ces sociétés.

M. Foinitsky ne s'est pas limité à une simple exposition doctrinale ; il a voulu prouver que la théorie nouvelle était applicable en pratique, et il a fourni la méthode que l'on devrait suivre pour composer les articles du Code.

D'après lui, la suppression des dispositions relatives à

la complicité ne changera pas beaucoup les livres de loi : sans doute, il faudra étudier les *parties spéciales*, parce qu'il sera impossible de traiter d'une seule et même façon tous les cas de concours. Cependant, on pourra faire divers groupes, d'après la nature différente des crimes et les genres de crimes : par exemple, faire des règles pour les actions dont le mobile est le désir du gain. Mais il n'y a plus lieu de réviser la responsabilité, comme cela était nécessaire jadis. De plus, la conception de la divisibilité de la faute est si voisine du domaine actuel criminel, que les modifications à opérer seront très minimes. Il n'y aura qu'à transformer certains articles. Au lieu de dire « celui qui est coupable d'un meurtre intentionnel », ce qui signifie actuellement qu'on vise la production d'un résultat déterminé dans le monde extérieur, la mort, dans l'espèce, on pourra donner une nouvelle rédaction, sur une base beaucoup plus large, en accentuant la perfection du moment de la faute intérieure. Ainsi on dira : « celui qui est coupable de la production d'un dessein de meurtre... », garantissant par là la divisibilité de la faute et la responsabilité de l'auteur. Chacun des modes de volonté des personnes, dont le concours a causé un résultat, trouvera dans la loi l'expression équivalente. Cette solution correspondra au domaine du droit pénal actuel, où l'on considère l'acte externe comme produit par l'acte interne, et où même on emploie les règles de responsabilité en l'absence de tout résultat extérieur, comme cela a lieu actuellement au cas de tentative.

§ 3. — Rapports pour le Congrès de Linz (1).

A. Rapport de M. Nicoladoni.

Il est nécessaire de rompre avec la théorie qui considère le droit comme un ensemble d'idées métaphysiques, dont il faut étudier la déduction logique. La psychologie physique ne regarde plus les actes des hommes comme un type donné une fois pour toutes, définissable par des déductions juridiques, mais comme une chose qu'on déterminera d'après le caractère individuel de l'agent, le milieu dans lequel il se meut. Aussi, la science pénale est-elle soumise à l'influence des progrès de la psychologie et des sciences sociales. Le but de la science pénale étant de s'opposer au trouble que causent les actes antisociaux, elle doit s'efforcer d'assurer la sécurité, et un moyen de l'assurer consiste dans la peine, qui intervient quand un droit est violé. Cette peine doit être combinée de telle sorte que les dangers futurs soient, autant que possible, prévenus. On y parvient en imposant une force psychique ou physique au criminel. Il est, par suite, très important de faire une étude psychologique de l'homme.

Aujourd'hui, on considère la volonté criminelle comme le côté psychique du crime, sans chercher la distinction

(1) *Bulletin*, année 1895, p. 337. Ces rapports sont placés sous la rubrique générale : *Influence des nouvelles théories pénales sur la complicité.*

entre l'intention, le dessein, etc. Elle a lieu avec le côté
matériel du crime, en même temps que lui. Cette nouvelle manière de voir influe sur ce qu'on appelle la partie générale du Code. En ce qui concerne la complicité,
nous allons étudier ce qu'il en résulte, tant au point de
vue subjectif qu'au point de vue objectif.

La doctrine classique déclarant l'unité de dessein,
puisqu'il y a unité de faute, l'admet aussi bien pour
l'instigateur que pour le complice par assistance ; on
peut de là déduire cette proposition que la complicité
remplace l'intention. De plus, il n'y a pas de tentative de
complicité, c'est-à-dire qu'une provocation manquée est
impunie. De même le complice est responsable de l'erreur ou de l'inhabileté de l'auteur : il est responsable du
moyen choisi par celui-ci pour exécuter le crime. Enfin les circonstances personnelles à l'auteur réagissent
sur le complice. Ceci, dans la plupart des législations,
est déjà limité aux circonstances qui forment la manière d'être du crime.

Mais les opinions modernes ne peuvent admettre de
telles propositions, et on doit les remplacer par des décisions plus conformes aux conclusions de la science. Il
faut se rappeler à quelles contradictions on a abouti,
en déclarant qu'il y avait rapport de causalité entre
l'acte du participant et le résultat. La psychologie,
qui considère la volonté criminelle comme donnant
seule la mesure de l'imputation, ne peut parler d'unité
de dessein entre l'auteur et le complice. La volonté est

immanente, liée à l'action ; or l'action de l'instigateur (ou celle du complice), est tout autre que celle de l'auteur. Elle est peut-être aussi punissable moralement ou pénalement, elle l'est peut-être même davantage. Il n'y a, entre ces deux actions, aucun état commun. Le complice peut avoir en vue (ce n'est d'ailleurs pas obligatoire), le même but que l'auteur, mais ce n'est qu'un des éléments de la volonté criminelle, et cette représentation du résultat diffère essentiellement chez l'un et chez l'autre. Il y a autant d'intentions que d'auteurs ou complices. Sans doute, le complice, en commettant son acte, envisage le résultat de l'action de l'auteur, mais son but est simplement d'arriver à exécuter son acte particulier. Le rapport psychologique entre chacun d'eux et le fait est différent.

Pour pouvoir parler d'unité d'intention, il faut identifier le concours conscient au fait d'autrui, la connaissance du résultat cherché par autrui avec la volonté criminelle. La conscience de la possibilité de l'action d'un autre, action que l'on ne peut ou que l'on ne veut détourner, serait la volonté criminelle. Ainsi on admet pour le complice une sorte de dessein indéterminé dont on ne pourrait se contenter pour l'auteur en exigeant l'unité de dessein de l'un et de l'autre ! (1).

______

(1) M. Saleilles dit à ce sujet : Du moment où l'on s'est associé à une partie quelconque d'un crime, on doit, d'après la doctrine classique, assumer la responsabilité de tous les actes que commettra l'auteur principal... La simple connaissance du caractère délictueux

Si l'on abandonne l'unité de dessein, l'unité de faute n'existe plus, car le fait que l'acte du complice est en rapport de causalité avec le résultat, ne suffit pas pour constituer l'unité de faute : causalité et responsabilité sont absolument distinctes. Du reste, cette causalité, en ce qui concerne l'acte du complice, n'est pas toujours évidente, indubitable. Et c'est une contradiction dans l'école classique qui admet les idées métaphysiques et l'indéterminisme, de parler de causalité entre l'acte du provocateur et celui de l'auteur, puisque ce dernier est libre. Y a-t-il d'ailleurs véritablement causalité dans les nombreux cas où le complice s'est borné à faciliter l'acte principal ?

L'école moderne, avec ses idées d'individualisation, ne connaît plus l'unité d'action : le complice a agi autrement que l'auteur principal, il a agi avec une autre volonté, il a agi par lui-même. Son acte est punissable non pas parce qu'il est responsable de l'action punissable d'un autre qu'il a facilitée ou hâtée, mais parce qu'il a troublé lui-même l'ordre social : il a concouru avec sa propre volonté au danger que présentait l'acte d'un autre, soit en le hâtant, soit en le renforçant. Par suite, étant elle-même un danger, l'action du complice doit être réprimée comme telle.

De ces prémisses il résulte qu'il faut envisager à part l'acte du complice.

de l'acte auquel on a concouru suffit pour en être responsable ! On est puni pour avoir connu un acte que l'on n'a peut-être pas voulu !

Toute instigation intentionnelle à commettre un crime, un délit ou une contravention, ou même une simple faute par négligence — toute aide à l'une de ces actions punissables, constitue un délit indépendant, soumis à toutes les dispositions légales générales qui existent contre les crimes. Donc il peut y avoir une tentative punissable de ce crime, — une participation qui sera la participation à la participation. La peine sera fixée d'après la gravité du fait auquel ce participant voulait coopérer. Il s'ensuit de là, que l'on devra établir, pour punir le fait de complicité, une échelle aussi large que possible.

Nous croyons donc, que pour M. Nicoladoni, la complicité est un délit spécial. Il a d'ailleurs affirmé ceci au Congrès de Linz, en l'appelant un délit *sui generis*. Toutefois, au point de vue de l'expression exacte des théories nouvelles, nous devons remarquer que son opinion fut très discutée. On lui reprocha d'aboutir à une aggravation sans limites de la répression, — et surtout de conserver à ce nouveau délit un caractère accessoire. La provocation au meurtre, délit *sui generis*, ayant pour condition, d'après M. Nicoladoni lui-même, le délit principal de meurtre — que prouve la participation possible à cette participation, — on retombera ainsi dans le point de vue classique : on arriverait à créer une nouvelle théorie d'abstraction. Cependant M. Nicoladoni n'a pas abandonné sa doctrine.

B. Rapport de M. Getz.

Ce rapport, beaucoup plus considérable que le précédent, a semblé, autant qu'il nous est possible d'en juger par le compte rendu des débats, réunir les suffrages des congressistes. Au point de vue de la notion de la complicité, il se termine par une analyse du projet de Code pénal norwégien, dont M. Getz, Procureur général à Christiania, est l'un des auteurs.

Il y a dans les livres de loi, un certain nombre de dispositions qui régissent spécialement l'hypothèse de la complicité. Le but le plus fréquent de ces règles, c'est de modifier la conception pénale de la responsabilité, de l'accroître en dehors du cadre normal de la causalité. Examinons et mettons de côté tout d'abord ce qui concerne la responsabilité : nous verrons ensuite quelles différences il y a entre son domaine et celui de la complicité.

En général, les décisions relatives à la complicité n'ont trait qu'aux faits intentionnels. Dans tout autre cas on ne punit que ceux qui sont coupables selon le principe de causalité. C'est ainsi que l'instigateur d'un crime commis par un fou est puni comme auteur d'une action médiate : s'il a excité une personne responsable, dit-on, le rapport de causalité entre l'acte matériel et le résultat est interrompu par la décision de volonté libre de l'auteur. Il en résulte que l'opinion sur la participation est subordonnée à la conception métaphysique de la liberté : elle n'aura plus aucun fondement si on nie cette liberté.

Il est cependant impossible d'admettre la coïncidence entre la responsabilité pénale et la liberté. Ce serait dire que si une loi élève l'âge de la minorité pénale, la volonté de l'enfant ne sera plus libre !

De plus, les partisans de l'ancienne doctrine n'exigeant pas que l'action du complice soit causale, c'est-à-dire qu'elle amène nécessairement le résultat, il est évident que le rapport de causalité criminelle est indépendant de la question de liberté. Personne ne soutiendra que la volonté humaine ne peut se laisser influencer par des motifs ! Pourquoi alors punir la participation si elle n'a pas contribué au crime ? — Aussi a-t-on expliqué les décisions données par une notion subjective : le participant serait un auteur quand son intention se dirigerait réellement vers le crime. Mais souvent l'assistant agit, bien qu'il n'ait pas d'intérêt au crime ! Sans doute, il est permis d'augmenter ou de diminuer les limites de l'intention dans les dispositions légales : cependant, s'il y a un auteur responsable, pourquoi cette extension défavorable au participant, tandis que dans d'autres cas, on aboutit à ne trouver aucune personne responsable ? Celui qui vend une arme à une personne sachant que cette arme servira à un crime, devrait être puni, même si l'auteur du crime est fou, bien qu'il n'y ait pas d'auteur principal punissable. Il serait donc préférable d'augmenter la notion générale de l'intention plutôt que de créer des exceptions au moyen de décisions sur la participation. C'est ce à quoi tendent les législations, en abaissant beaucoup la peine des moins coupables, au cas de participation.

Etant donné en outre (ce que démontrent suffisamment les luttes de doctrines), qu'on n'a jamais trouvé une différence certaine entre la participation et le fait principal, nous voyons qu'on ne peut donner aucun motif à l'appui des décisions spéciales relatives à la complicité.

Pourtant elles amènent des résultats injustes : au cas d'acte commis par un homme isolé, les actions des autres hommes ne le regardent en rien ; on les apprécie comme les autres forces naturelles dont il a pu se servir. Son acte est son crime. Or prenons un homme qui place une bouteille de poison auprès d'un malade, espérant que la garde l'administrera par erreur, au lieu d'une médecine, au malade : il s'est rendu coupable du même acte que s'il avait agi dans l'espoir que le malade lui-même commettrait cette méprise. Il en est de même, d'après l'opinion générale, au cas où la garde a agi intentionnellement, si elle est atteinte d'une maladie mentale la rendant non punissable. Si, au contraire, la garde est punissable pour crime intentionnel, tout change : l'action de pòser une bouteille de poison n'est plus un crime, c'est un acte d'assistance n'existant pas par lui-même, acte d'assistance au crime de la garde !

Nous avons encore un exemple singulier dans ce qu'on appelle les crimes d'emploi, que ne peuvent commettre qu'un certain nombre de personnes, généralement des fonctionnaires. Dès lors le fonctionnaire seul est auteur; s'il a été aidé par un non-fonctionnaire, celui-ci est son complice, et ne peut être auteur du crime auquel il a participé. De là il résulte que l'on peut être participant, même si on n'aurait pu être auteur !

D'après M. Getz, les législations les plus récentes n'admettent plus cette distinction entre auteurs et complices, ou plutôt elles ne la maintiennent que pour l'attribution des peines. Tous ceux qui subissent la même peine sont auteurs : tous ceux dont la peine est abaissée, sont des complices. C'est là une règle singulière : pourquoi l'abaissement ne doit-il pas pouvoir profiter à l'auteur? On n'a considéré ici que le côté objectif du crime, et cependant le concours de plusieurs coupables exerce régulièrement son influence sur la faute subjective. Celui qui s'est laissé persuadé, peut-être à la suite de menaces, même s'il est auteur, mérite aussi bien une peine diminuée que celui qui, avant l'action, n'a commis qu'un acte insignifiant.

Il semble donc opportun de ne pas faire dépendre cet abaissement de la distinction entre les diverses formes du concours, et de décider simplement comme le projet norvégien : que lorsque plusieurs personnes ont concouru dans un but punissable, la peine peut être abais-

sée pour ceux dont le concours a été occasionné réellement par leur position subordonnée, ou a été d'une
importance proportionnellement moindre.

Puisqu'il est impossible de justifier la distinction
classique, il sera plus avantageux d'émettre une décision
générale, telle que la peine puisse être dirigée contre
chacun de ceux qui ont concouru à un résultat, quel que
soit le mode de concours. Au lieu des décisions habituel-
les sur la participation, nous aurons une décision dans
laquelle on considérera comme auteurs, non seulement ceux qui ont exécuté immédiatement le fait, mais
aussi tous ceux qui y ont contribué, médiatement ou
non, par acte ou par conseil. Il faudra donc que son
texte comprenne expressément même l'action médiate.

Le nouveau projet norwégien a tenté de prendre
cette voie. Chaque disposition isolée comprend toutes
les manières de causer un crime ou d'y concourir, en
désignant comme punissables tous ceux qui ont concouru. Ce n'est qu'exceptionnellement que la loi édicte
un texte moins large, qu'il faut alors prendre à la let-
tre. C'est ainsi qu'un non-fonctionnaire qui a concouru
à un crime spécial ne sera puni que s'il a cherché à sé-
duire un fonctionnaire par la force, ou les menaces, ou
encore en provoquant une erreur de sa part. Nous ne
trouvons plus, dans le projet norwégien, la séparation
entre le fait médiat et la participation. En ce qui concerne les qualités personnelles, qui élèvent ou abaissent
la punissabilité, elles restent sur la tête de ceux en

qui elles se produisent : pour les circonstances réelles, elles augmentent la punition de ceux-là seuls qui les ont commises. Ainsi la mère (§ 234) qui tue son enfant illégitime, ou qui aide à le tuer, subira la peine du meurtre avec un certain abaissement. Celui qui l'assiste dans le meurtre sera passible de la peine ordinaire de ce crime.

Le participant ne pourra être puni que pour ce qu'il a connu, ou pour ce qu'il a eu l'intention de faire. Le provocateur excite l'auteur à blesser une personne ; l'auteur la tue intentionnellement ; l'instigateur sera punissable comme auteur médiat d'une blessure à issue mortelle. A son égard, on présume que l'auteur immédiat s'est trompé.

Pour la tentative, la question est plus délicate, car si en théorie il est incontestable, d'après la nouvelle école, qu'on peut toujours la punir, il n'en est pas moins vrai qu'on doit toujours craindre de dépasser à ce point de vue les limites que permettent les considérations pratiques. Mais cependant, beaucoup de législations punissent déjà la provocation manquée, et même la tentative d'assistance : c'est ce qui a lieu quand on interdit la fabrication de fausses clés ou de rossignols. La crainte d'aller trop loin n'existe que pour les actes les moins importants, et on ne les poursuit pas si l'auteur n'a encore rien fait qui prouve sa volonté criminelle. Par suite, le ministère public n'agira que dans les cas où il y aura des preuves suffisantes pour fonder une poursuite, par exemple en cas de dénonciation.

Cette manière d'envisager la nouvelle doctrine a semblé réunir les suffrages des congressistes de 1895. D'après M. Rosenfeld « M. Getz déclare que le délit, comme la « provocation et la participation, ont une même cause « et appellent le même châtiment ; c'est-à-dire que ce- « lui qui provoque au meurtre ou celui qui aide à le per- « pétrer est aussi coupable que le meurtrier : c'est un meurtrier. » Et l'on a même dit que cette façon d'apprécier la participation était conforme aux besoins de la pratique (1).

(1) On peut joindre encore à l'exposition précédente l'avant-projet du Code pénal Suisse, qui a subi déjà deux rédactions, et dont les auteurs déclarent que la nouvelle rédaction sera bien plus conforme aux besoins pratiques. Voici les textes.

Article 16 du premier projet.	*Article 13 du second projet.*
L'auteur qui accomplit le crime et l'instigateur qui l'y décident, tombent comme auteurs sous la peine que la loi prévoit pour le crime.	L'instigateur qui a intentionnellement décidé l'auteur au crime est punissable comme l'auteur.
Celui qui prête assistance à l'auteur pour son crime sera puni d'une peine plus douce.	L'assistant qui prête secours à un autre pour un crime peut être puni d'une peine plus douce.
	Cette décision est aussi applicable aux crimes commis au moyen de la presse.

On voit que dans ce projet, on a soigneusement évité la distinction entre auteur et complice. On a pensé que s'il n'y avait aucun danger à distinguer provocateur et auteur, il serait imprudent de distinguer auteur et complice (M. Lilienthal, *Zeitschrift* de 1895, p. 287).

CHAPITRE III

THÉORIE DE LA COMPLICITÉ DÉLITS-DISTINCTS *(suite)*.
EXPOSITION GÉNÉRALE.

Nous avons ainsi donné l'analyse des théories des principaux défenseurs de la doctrine nouvelle. Nous devons maintenant nous demander s'il est possible d'en faire une synthèse, par laquelle nous pourrons connaître la tendance principale, la règle première, de cette conception de la complicité.

A cette question, nous croyons pouvoir répondre affirmativement. Les analyses précédentes nous montrent sans doute certaines divergences, surtout en ce qui concerne l'application des affirmations de la doctrine de l'Union internationale. Mais nous verrons s'il n'y a pas là des degrés dans la façon absolue d'envisager les choses, plutôt que des théories diverses : en d'autres termes nous pensons que M. Foinitsky, par exemple, en accentuant le côté intérieur, subjectif du crime, présente la même doctrine que M. Getz, dont les conclusions offrent peut-être des points de conciliation pus nombreux, au moins en apparence, avec celles de l'école classique.

En effet, les critiques adressées à l'école classique

sont identiques chez tous les partisans de la nouvelle
doctrine : tous accusent l'ancienne conception de se
montrer illogique en admettant l'abaissement de la
peine pour le complice, en ne faisant pas supporter à
celui-ci les circonstances aggravantes réelles ou personnelles qui existent de la part de l'auteur principal
dans la perpétration du fait. Il en est de même en ce
qui concerne cette fameuse recherche du critérium dis-
tinguant le complice de l'auteur.

Mais nous croyons que ce sont là des points secondaires, que les auteurs n'ont pas eu en vue dans l'é-
dification de leur théorie. Ils s'en sont servi pour l'appuyer, pour appliquer leur système en démontrant ce
qui à leur avis est une preuve de l'inapplicabilité du
système classique. Nous devons aller plus loin et rechercher la cause, pourrait-on dire, de la théorie de la
complicité délits distincts.

Or, sur ce point, la lecture des ouvrages de l'é-
cole anthropologique nous fournit une précieuse indication : ce qui explique que, malgré l'absence de conclusions identiques à celles de la nouvelle doctrine, nous
ayons examiné les idées de la *nuova scola*.

Nous remarquerons, en effet, que les auteurs de la nouvelle doctrine commencent tous leurs travaux ou rapports par des références ou des affirmations, qui ne sont
autres que celles de l'école anthropologique. Le rejet
des idées métaphysiques, au nombre desquelles il faut
compter la liberté morale acceptée par l'école classique,

est formulé par tous. Les motifs sur lesquels ils se fondent sont quelquefois différents de ceux qu'avaient admis Lombroso et ses disciples, mais la même conclusion, le déterminisme, est posée en principe.

En même temps, la place donnée à la psychologie moderne, la psycho-physique dans le droit pénal, entre autres par M. Nicoladoni, ne rappelle-t-elle pas d'une façon saisissante la méthode anthropologique qui, en général, n'examine le crime qu'après étude psychologique du criminel?

Mais l'influence des idées anthropologiques se fait bien plus sentir encore dans cette assertion, qui est exprimée formellement par M. Foinitsky, et que ses co-partisans sous-entendent évidemment : ce qu'il faut examiner, c'est le délinquant ; le crime n'est que l'occasion de saisir le criminel.

Cette influence ainsi établie, il faut aller plus loin : l'école italienne a considéré la complicité bien plus au point de vue social qu'au point de vue anthropologique Lombroso, dès son premier ouvrage, a signalé le danger de l'association entre criminels. Ferri et Sighele ont suivi la même méthode, et c'est ainsi que la théorie de la complicité circonstance aggravante a été formulée à nouveau dans leurs ouvrages. Au contraire, les défenseurs de la complicité délits distincts ont appliqué à cette question spéciale, ce que l'on pourrait appeler la méthode anthropologique. C'est du délinquant seul qu'on se préoccupe.

Quelle sera par suite la place à attribuer au fait commis? Il n'a qu'une valeur de constatation comme l'a dit M. von Liszt, dans une étude générale. Le juge, aujourd'hui « n'a pas à juger que l'acte isolé qui fait l'objet de l'accusation, arraché de la vie de l'agent qui devra expier l'acte soumis au tribunal. Au contraire, l'essentiel pour nous c'est le caractère de l'agent, son passé et ce que celui-ci laisse à prévoir pour l'avenir (1) ».

Sans discuter pour le moment cette proposition et la critique de l'école classique qu'elle renferme, nous voyons quel est le but que l'on doit poursuivre d'après la nouvelle école. Dans le crime, l'élément subjectif non seulement actuel mais encore dans son passé et aussi dans son avenir probable est la considération la plus importante. C'est ce qu'exprime M. von Liszt en disant « la nature juridique de l'action s'efface devant l'importance anti-sociale de l'agent ».

Or, au cas de complicité nous nous trouvons en face de plusieurs agents ; d'après ce qui précède, pour chacun d'eux nous devons faire une étude de son caractère et de ses antécédents et c'est du résultat de cette étude que nous pourrons fixer la peine la plus conforme à son état intellectuel.

Les faits objectifs commis, c'est-à-dire les manifestations d'états dangereux serviront d'indices, de renseignements. Le délit sera donc un fait ou un ensemble de

____

(1) *Bulletin de l'Union internationale*, année 1894.

faits qui dénotent une tendance redoutable de la part
d'un auteur, et pour chacun des auteurs s'il y en a plusieurs, il faudra apprécier séparément les actes commis
par eux. L'hypothèse n'est pas modifiée : il y a coexistence de plusieurs délits.

Dans ces termes, le fait d'association subsiste-t-il ?
Les auteurs de la nouvelle doctrine n'en parlent jamais.
Il est probable que, suivant eux, c'est un de ces faits
dont on peut tenir compte dans l'appréciation spéciale
dont chaque individu est l'objet. Peut-être y a-t-il lieu
de classer les faits du délit en faits immédiats, donnant
eux-mêmes une preuve presque certaine d'un état dangereux : tel sera le coup donné par un meurtrier ; —et en
faits médiats, insuffisants par eux-mêmes pour permettre d'établir un châtiment mais qui, joints aux précé-
dents, constituent des éléments accessoires utiles pour
l'appréciation de l'état intellectuel recherché. Toutefois,
nous n'avançons cette hypothèse qu'avec une extrême
réserve, parce qu'une des conséquences qui en résultent
c'est que ces faits de second ordre, accessoires au délit
(dans le sens nouveau de ce mot), pouvant modifier dans
une certaine mesure les données de l'analyse psychologique, peuvent aussi modifier la peine soit en plus, soit
en moins, et rien, chez les partisans de la nouvelle doctrine, ne nous autorise à faire ainsi de l'association une
cause d'aggravation ou de diminution de la peine. Mais
d'autre part lorsque M. Nicoladoni, niant l'unité de dessein, nous dit que si le complice a en vue le résultat

cherché par l'auteur, son intention porte principalement sur le fait que lui-même doit commettre, lorsque
M. Foinitsky reconnaît dans les actes ainsi commis un
certain rapport sociologique, que nous appelons l'association, ne semble-t-il pas véritablement qu'il y a là un
fait secondaire dont l'existence est admise et qui, par
suite de l'appréciation fort large permise au juge, peut
très bien modifier, d'une manière accessoire, il est vrai,
la peine ?

M. Getz paraît ignorer absolument le côté association, ainsi que M. von Liszt. S'ensuit-il de ceci qu'il n'y
ait pas unité dans la nouvelle doctrine ? Sans doute, la
pluralité des délits est une conclusion qui leur est
commune à tous, mais cependant soit dans l'exposition,
soit dans l'application de cette théorie, nous rencontrons
des divergences très sensibles. Le point de départ est
le même : au lieu de partir du délit comme dans l'école
classique, et comme l'a fait M. von Buri lui-même, il
faut partir du délinquant et considérer le résultat par
rapport à lui-même ; ce n'est plus, dans un délit donné,
rechercher le rôle joué par chacun, qui est le problème
à se poser mais celui-ci : dans un résultat quels délinquants y ont pris part et que manifestent leurs actes ?
Les divergences, par suite, portent surtout sur la qualification à donner à l'un de ces actes. MM. Getz et
von Liszt déclarent que l'acte est la cause, c'est-à-dire
qu'ils tiennent compte de la construction classique du
délit, telle qu'elle est établie dans les Codes. M. Nicola-

doni va beaucoup plus loin et ne regarde pas le résultat, mais l'acte seul du criminel; il en fait un délit *sui generis* indépendant.

En résumé nous dirons : la théorie nouvelle, s'appuyant sur les idées d'individualisation de la peine, d'une part et ne voyant dans les actes commis que les causes d'un résultat ne cherche plus l'importance respective de ces causes, et par suite, repousse toute distinction entre les divers agents. Jusqu'ici du moins, cette négation constitue la base de cette théorie, et les efforts de ses partisans ont eu surtout pour but de démontrer sa conformité avec les idées modernes. Quant aux questions d'application, il semble bien qu'en 1895 on ait repris la conception du délit comme l'ont comprise MM. Getz et von Liszt, c'est-à-dire comme le résultat produit par plusieurs causes indépendantes les unes des autres, causes qu'il faudra, par suite, apprécier individuellement. On pourra dès lors atteindre tous ceux qui, moralement ou matériellement, ont pris part au crime, sans s'inquiéter de leurs rapports respectifs, à condition de rester dans les limites de l'appréciation judiciaire. Les projets suisse et norvégien consacrent cette manière de voir. L'examen psychologique, démontrant la faute subjective, sera ainsi facilité.

CHAPITRE IV

LA COMPLICITÉ ET LES IDÉES D'INDIVIDUALISATION
DE LA PEINE.

Au cours du chapitre précédent, nous avons parlé
plusieurs fois de l'idée de l'individualisation de la peine.
Nous devons y revenir à nouveau pour l'apprécier
exactement, et rechercher quelle doit être sa place
dans la punition de la complicité.

Sans entrer dans des détails qui nous entraîneraient
trop loin, nous rappellerons que la peine suppose plusieurs notions distinctes : celle de sanction est la première qui soit venue à l'esprit du législateur : plus tard,
on a reconnu que la peine n'était pas seulement une
sanction, mais qu'elle devait être encore un moyen
d'éviter le retour des faits délictueux ; en d'autres termes, il fallait, en édictant la peine, poursuivre l'amendement du condamné. Or, pour atteindre ce but, il était
impossible de conserver l'uniformité des peines : pour
un même délit, il y avait nécessité de tenir compte du
caractère de la personne que l'on avait à juger : de là
une certaine latitude laissée au juge dans l'application
de la peine.

Ceci posé, étant donné que l'appréciation du caractère jouait un rôle important dans l'examen du crime, il s'ensuivit que beaucoup de jurisconsultes déclarèrent que le délit n'avait aucune valeur objective, que le point principal à étudier, c'était l'amendement possible du criminel et qu'il ne fallait reculer devant aucun moyen pour l'obtenir. La formule la plus complète de cette opinion nous est donnée précisément par M. von Liszt. Il n'y a pas besoin de conserver les règles du droit pénal actuel, dit-il; il faut remplacer le droit pénal par ceci : « Tout homme dangereux pour la société doit être mis dans l'impossibilité de nuire aussi longtemps qu'il y a nécessité (1) ».

De cette conclusion résultent des conséquences. Si l'homme, dans son état intellectuel seul, est l'objet de la peine, s'il faut, en le condamnant, chercher seulement une peine susceptible de modifier cet état de manière à n'avoir plus à craindre aucun acte dangereux de sa part pour l'avenir, il n'y a plus lieu de tenir compte du côté objectif du délit. Le fait commis dénonce un individu peut-être dangereux, mais il se peut que l'état de cet individu ne corresponde pas à la gravité apparente du fait. En d'autres termes, de même qu'un fait léger peut être commis par un individu très dangereux, par exemple le délit de vagabondage, de même il arrivera qu'un crime très grave, comme un meurtre, ait pour auteur un homme qui ne recommencera jamais, et qui même ne se livrera à aucun fait délictueux.

(1) *Bulletin de l'Union*, année 1894.

Aussi l'importance de la peine devra nécessairement correspondre au danger social présenté par le sujet ; elle sera plus grave pour un individu redoutable, même si le fait commis par lui est léger, parce qu'il importe de préserver la société contre lui ; — elle sera faible pour celui qui, bien qu'ayant commis un délit capital, montrera qu'il serait inutile de chercher à modifier son caractère, et que, dès à présent, il n'est pas capable de commettre un nouveau forfait.

Telle est l'expression absolue de l'idée de l'individualisation de la peine, avec les conséquences qu'elle entraîne. Mais il faut se garder d'aller aussi loin dans cette voie, car on risquerait de méconnaître le but cherché, c'est-à-dire la défense de la société.

En effet, au point de vue social, il est nécessaire de tenir compte d'un autre facteur : l'intimidation produite par le châtiment prononcé sur les criminels possibles. Ce nouvel élément, beaucoup trop prôné autrefois, n'est pas susceptible à lui seul de produire des effets satisfaisants. Mais si, sous prétexte d'amendement, on retient très longtemps celui qui est coupable d'un fait insignifiant, étant donné que les actes internes ne seront connus que d'un très petit nombre de personnes, on mettra en présence l'acte commis et le châtiment, et l'on n'apercevra aucune correspondance exacte entre l'un et l'autre. On n'y verra plus une sanction *juste* et aucun effet d'intimidation n'en résultera. Or l'intimidation est un mobile qui est susceptible d'empêcher souvent la réalisation d'un crime conçu.

Ces conséquences vont directement à l'encontre du but que se propose la loi pénale. Aussi, tout en tenant compte de l'idée d'individualisation, qui contient une part de vérité, ne faut-il pas abandonner les autres considérations. De là il résulte que le rôle de la peine ne consiste pas uniquement dans la recherche de l'amendement du criminel et qu'il s'y joint un caractère de sanction. On aboutit ainsi à laisser au juge une appréciation assez large, car, en pratique, on se basera sur le côté objectif du fait commis pour établir les limites extrêmes de la peine, et, en même temps, on laissera au juge la faculté d'abaisser la peine, s'il pense que l'on peut obtenir facilement l'amendement du condamné.

Telle sera la règle pour les crimes commis par des individus isolés. Que faudra-t-il décider lorsqu'on se trouvera en présence de plusieurs coupables? Cette question ne se pose évidemment qu'en ce qui concerne le délit en lui-même, car pour la punition chacun subira une peine spéciale.

L'idée d'individualisation de la peine conçue d'une manière absolue exige cette division du délit ou plutôt cette pluralité de délits, puisque, en ce cas, le délit n'est que l'ensemble des actes manifestant l'état intellectuel d'une personne donnée, permettant d'apprécier son caractère. Dès lors, le législateur devrait prévoir tous les actes qui manifestent une tendance mauvaise, même si ces actes sont peu importants ! Ce serait là une œuvre véritablement immense qui présenterait fatalement un grand nombre de lacunes ; en réalité il y a là une véritable impossibilité. On pourrait encore dire : le législateur se bornera à donner au juge une règle très large indiquant la conduite générale qu'il doit tenir : nous aurons alors un système qui exprimera d'une façon très exacte les idées et les sentiments généraux à un moment quelconque, mais ce sera aussi laisser l'arbitraire et l'incertitude pénétrer dans les lois, à cause du manque de précision, de la largeur même d'une telle disposition. La loi doit prévoir expressément les actes qu'elle considère comme nuisibles. C'est une garantie pour les hommes. En prenant comme point de départ le délinquant, on s'expose à de grands dangers, car même avec les progrès de la psychologie moderne, l'examen et l'analyse des actes internes présentent toujours un côté problématique. Il en est autrement lorsqu'on s'appuie sur le fait objectif, phénomène extérieur dont l'existence ne peut être niée. Nous dirons donc que le délit est autre chose que l'attestation d'une volonté criminelle. C'est un fait anti-social prévu et puni par la loi.

Il est donc indifférent au point de vue pénal que le délit ait été commis par une ou plusieurs personnes : il se compose toujours d'un certain nombre d'éléments, plus ou moins nombreux, mais absolument inséparables, dont la signification n'existe parfois que par suite de leur relativité les uns avec les autres. Résulte-t-il de là que tous les actes afférents au même dé-

lit sont identiques ? Ce serait une bien singulière déduction et qui, nous croyons pouvoir l'affirmer tant
cela est évident, n'a été soutenue par personne. Ainsi
MM. Chauveau Adolphe et Faustin Hélie ont écrit : « Lors-
« qu'un crime a été commis par plusieurs personnes,
« on conçoit que la participation de chacune de ces per-
« sonnes peut n'être pas la même. L'une a pu en conce-
« voir la pensée et en provoquer l'exécution, l'autre pré-
« parer cette exécution, l'autre l'accomplir, l'autre en-
« fin dérober à la justice les coupables et les vestiges du
« crime. En ne s'arrêtant même qu'au moment de l'exé-
« cution, il est évident que les actes qui se réunissent
« pour l'achever, n'ont pas tous la même valeur morale,
« ne révèlent pas la même perversité (1). »

L'école nouvelle considérerait tous les actes ainsi
énumérés comme des crimes ! Cependant, nous l'avons
dit, il y a de ces faits qui, pris isolément, n'ont aucune
tendance ni bonne ni mauvaise, ils sont indifférents.
Comment pourrait-on établir, si on ne considère pas la
relativité de ces actes, ou si on n'en fait qu'une considération accessoire, le caractère dangereux de ceux qui
les ont accomplis ? Nous ne voyons qu'un moyen d'y
parvenir, c'est de tirer cette conclusion de leur association avec d'autres malfaiteurs, de leur concours. C'est à
dire, en d'autres termes, que nous retombons dans le
système classique !

(1) *Théorie du Code pénal*, I, p. 404.

Et cette déduction n'est pas modifiée si l'on tient compte des idées de l'individualisation modérée, car il ne s'agit que d'une question de culpabilité et personne n'ayant jamais admis l'identité de culpabilité des coparticipants d'un même crime, pourquoi devrait-on bouleverser toute la construction précédemment adoptée? L'analyse des auteurs de la nouvelle école est inexacte en ce qu'ils ont confondu l'action et le délit. Jamais on n'a soutenu l'identité d'action! Ce qui est exact, c'est qu'il y a pluralité de culpabilité, comme il y a pluralité d'agents, mais personne n'a mis ceci en doute !

La division réclamée par les auteurs de l'Union international nationale n'est pas conforme à la réalité des choses. Nous avons dit : il y a diversité d'action, mais nous devons ajouter : ces actions diverses concourent toutes à un même but, le délit. Les agents, auteurs ou complices, ont tous agi d'un commun accord et leurs efforts ont été simultanés le plus souvent. Déclarer que les actes commis par chacun d'eux constituent un délit indépendant, n'est-ce pas admettre que chacun d'eux a agi comme si ce que les autres faisaient n'était d'aucun intérêt pour le but qu'il se proposait? En fait, il y a eu un travail commun, une entente pour amener un résultat commun, et cette entente a persisté durant toute l'action ; elle a été la condition des actes, en ce sens qu'en agissant chacun se proposait de se conformer à ce qui avait été préalablement convenu entre les coparticipants. Il y a là au point de vue objectif une chose indivisible : de ce qu'au lieu d'être l'œuvre d'un seul, le délit a été fondé par plusieurs qui l'ont exécuté chacun pour une part, il n'en est pas moins vrai que le délit reste un et identique. Nous le répétons : on ne peut admettre le contraire qu'en supposant une tout autre notion du délit, une notion purement subjective.

Nous dirons donc que la conception de l'école nouvelle a le grave inconvénient d'être inspirée uniquement par les idées d'individualisation, ce qui, en pratique, la rend inadmissible. De plus elle fait d'actions constitutives d'un délit, actions uniquement qualifiables d'après le but que poursuivent leurs auteurs, des crimes spéciaux distincts, ce qui dans la majorité des cas ne pourrait comporter une preuve absolue. Il y a deux domaines distincts : celui du fait objectif du délit, élément nécessaire pour fonder la certitude, et le fait subjectif, la culpabilité de l'agent : ce second élément du crime seul est divisible, mais alors il l'est d'une manière essentielle. Le défaut de l'école nouvelle, c'est de l'avoir considéré comme constituant le crime à lui seul.

Nous avons vu qu'il ne fallait pas admettre la critique de l'unité d'action que l'école nouvelle reproche à l'école classique. En corrélation avec cette soi-disant unité d'action, les défenseurs de la théorie du délit distinct attaquent l'unité d'intention reconnue par l'école classique chez tous les codélinquants. Ils prétendent ainsi relever la même erreur dans le côté objectif et dans le côté subjectif du crime.

Cependant nous pouvons dire d'une manière générale que jamais on n'a eu la prétention de nier que les caractères des hommes soient essentiellement divers, à tel point qu'en exprimant ceci, on semble chercher à prouver une chose évidente par elle-même. Jamais on n'a dit,comme M. Nicoladoni le rapporte, que l'homme est un « type donné une fois pour toutes » !

Prenons deux hommes qui participent à un même crime : chacun a conçu ce crime d'une façon différente, a peut-être même eu en vue un but différent. Faut-il inférer de là qu'ils ont eu une intention différente? Cela nous semble difficile à établir. Que signifie le mot intention appliqué au crime? Il veut dire que l'agent du crime, supposé responsable et capable de vouloir, a, comme le dit Ortolan (1), dirigé, tendu son action ou son inaction vers la production du résultat préjudiciable, constitutif du délit. Chacun bien entendu, pris individuellement, a voulu ce résultat. Ne peut-on pas dire qu'ils ont eu la même intention ? Lorsque M. Foinitsky nous apprend que ce fait constitue une volonté générale qui absorbe toutes les autres, nous demanderons s'il est nécessaire pour être libre d'avoir toujours une volonté opposée contraire à celle des autres hommes ?

Remarquons-le bien, car il faut sur ce point éviter toute méprise, nous ne parlons que de la direction de volonté vers le crime : c'est là seulement ce que nous

(1) *Droit pénal*, nᵒ 122.

déclarons être identique chez l'un et chez l'autre. A tous autres égards, le crime pourra, devra même être apprécié différemment par chacun des agents. Ainsi Primus veut tuer Tertius. Craignant de ne pouvoir y arriver seul, il décide Secundus à l'aider dans l'exécution du meurtre, et lui promet une somme d'argent. Dans cette hypothèse, les mobiles du meurtre sont différents chez les deux agents. Primus veut satisfaire sa haine, Secundus son amour du gain, mais tous deux n'ont-ils pas l'intention de commettre le même crime, de tuer Tertius ? Et cependant nous avons là un exemple de la diversité des actes subjectifs.

D'après M. Foinitsky, l'intention du complice se dirigerait uniquement sur l'acte qu'il doit exécuter. Rappelons-nous que dans cette théorie, l'acte de chacun constitue son crime, quel que soit cet acte. Or les actes étant multiples, les intentions le seront également. Mais nous avons dit que cette construction du délit était inadmissible en pratique. Nous reprendrons la même idée. En accomplissant son acte, dirons-nous, le complice a en vue cet acte, comme participation à un délit. Il y a encore ici une conception inséparable de celle du délit : il a su qu'en agissant il prenait part à un fait punissable, et il a agi volontairement. Dire que le but poursuivi par l'auteur principal lui était indifférent, cela peut être vrai, et il n'y a rien d'obligatoire à ce qu'il soit connu de lui, car il est en dehors du crime à son point de vue. On tient compte de son but pour connaître l'état intellectuel du coupable, mais il faut remarquer que l'intention de l'auteur peut être différente de celle du complice,quant au but que chacun d'eux poursuit, sans cesser d'être identique quant au crime à accomplir, et c'est surtout l'intention dirigée contre le crime qui est importante au point de vue pénal (1). En ce sens, la jurisprudence a décidé qu'il n'est pas nécessaire que le but du complice soit le même que celui que l'auteur principal recherche. Il suffit, dit-elle, que le complice ait participé à un fait, qu'il savait être un crime ou un délit, quel que fut son mobile personnel (2). Nous croyons cette opinion très exacte et nous dirons, pour la résumer, que l'école classique exige la même intention de commettre le même crime ; peu importe que celui-ci soit un même moyen pour des buts différents. La loi, et après elle, la jurisprudence-expriment quelquefois cette idée d'une façon un peu différente, en disant qu'il faut que le complice ait agi avec connaissance. Cela signifie, en effet, que le complice

---

(1) De même qu'on peut faire de bonnes actions pour des motifs intéressés, de même les motifs qui poussent au délit peuvent être plus ou moins honteux. Bien que ces considérations ne restent pas sans influence sur la mesure de la culpabilité individuelle elles ne sauraient faire disparaître la culpabilité absolue. Pas plus en droit pénal qu'en morale « la fin justifie les moyens » n'est une maxime qui soit admissible (Ortolan, *loc. cit.*). Cependant, il faut remarquer qu'il y a une tendance dans les législations actuelles à tenir compte des motifs du crime.

(2) Cass., 2 décembre 1842. Il faut, dit cet arrêt,qu'il y ait chez le complice connaissance du caractère délictueux de l'acte auquel il a concouru.

a su qu'il participait à un délit, c'est-à-dire qu'il a eu intention d'y participer. Tels sont les termes employés par l'article 60 du Code pénal : « Ceux qui auront avec connaissance aidé ou facilité... »

L'exigence de la même intention chez le complice et chez l'auteur principal, suppose qu'en l'absence de volonté formelle chez le complice, il ne sera pas punissable. Il manque en effet à l'infraction un élément essentiel, l'élément subjectif. Le concours matériel ne suffit pas à fonder la culpabilité. Ainsi on ne pourra punir le domestique qui a donné des renseignements au voleur, croyant que l'intention de celui-ci était de louer la maison sur laquelle il demandait les renseignements.

Mais dans une hypothèse voisine, il nous semble que les critiques de la nouvelle école sont justes. Il s'agit du cas où le complice a participé au fait délictueux, mais son intention était autre que celle de l'auteur principal. Il a cru participer à un autre délit que celui qui a été réellement commis par l'auteur principal. Cette hypothèse n'ayant pas été prévue par le Code, les tribunaux décident en général qu'il est coupable comme complice du crime qui a été commis. C'est là une déduction qui n'est pas conforme au point de vue de l'école classique. « C'est méconnaître le caractère de la complicité, écrit M. Garraud (1) ; on ne peut encourir que la peine du fait auquel on a concouru, sauf si on a prévu qu'une infraction plus grave pouvait être commise. »

(1) *Traité théorique et pratique du Code pénal.*

On déclare ainsi que le complice a eu une intention identique à celle de l'auteur principal, c'est-à-dire qu'on dénature cette intention.

Nous aurons alors deux crimes distincts : celui de l'auteur principal et celui du complice, ou plutôt ceux de deux auteurs. Cette solution est-elle en contradiction avec les principes de l'école classique ?

Nous ne le croyons pas ; en effet, nous avons établi qu'au cas d'infraction intentionnelle, c'est-à-dire dans la majorité des cas, il fallait, pour être complice, non seulement avoir participé au même délit, dans les actes objectifs, mais aussi avoir eu même intention que l'auteur principal ; or, dans l'espèce, le crime de l'auteur principal n'a pas été connu du complice ; celui-ci a cru qu'il participait à un acte illicite, et cette croyance était une erreur quant à cet acte lui-même : par suite il n'y a pas eu volonté de sa part.

Si l'acte auquel il a pris part était moins grave que celui qu'il avait l'intention de commettre, on ne tiendra pas compte de cette intention : nous avons dit que l'élément objectif du crime était, quant à la détermination de la peine, une limite que l'on ne pouvait dépasser, alors même que l'on saurait d'une manière certaine que cet élément ne correspond pas à l'état intellectuel de l'agent. Il résulte de là qu'en ce cas nous avons encore unité de délit et pluralité d'agents.

Mais tout change si l'acte prévu par le complice était

plus grave que celui auquel il croyait participer ; alors, disons-nous, il doit être puni pour le fait auquel il a cru concourir. Nous admettons la pluralité des délits dans cette hypothèse. En effet, pour commettre un délit, il est nécessaire d'avoir l'intention criminelle ; pour participer à un délit à titre de complice, il faut avoir l'intention d'être agent de ce délit et c'est ce qui n'a pas lieu ici. Nous avons donc des actes commis, qui se relient au point de vue objectif avec ceux du fait principal, mais cette relation est insuffisante pour constituer identité de délit. Dès lors, nous avons affaire à deux auteurs.

Pourquoi ne pas admettre la même solution quand l'intention du complice était dirigée sur un crime plus grave que celui qui a été commis réellement ? C'est que l'acte de l'auteur principal fixe alors une limite, en ce sens que le complice, ne pouvant être puni pour son intention, puisque celle-ci ne s'est pas manifestée, doit être puni pour le délit qu'il a commis ; or, il a pris part au délit de l'auteur principal ; par suite il subira la même peine que lui ; ses actes objectifs n'ont pas dépassé l'intention de l'auteur principal : ce serait s'exposer à une incertitude, que de punir le complice pour son intention. D'ailleurs le délit qu'il avait en vue n'a pas été commis, puisque, par hypothèse, les actes dont il est l'auteur, ne sont que des actes accessoires ! Prenons un exemple : une personne fait le guet devant la maison dans laquelle une autre personne est entrée ; cette dernière a l'intention de commettre un vol ; la première s'imagine qu'elle veut assassiner un habitant de la maison. Le complice sera puni pour vol. Il serait injuste de lui imputer un assassinat qui n'a pas été commis. Mais en sens inverse, si l'auteur est entré pour commettre un assassinat, alors que le complice croyait qu'il s'agissait d'un vol, on ne devrait pas punir ce dernier comme complice d'un assassinat.

Il faut toutefois faire une réserve : le complice ne sera auteur d'un délit distinct, que si ses actes sont de nature à constituer un délit ; sinon, son intention portant sur un crime qui n'a jamais existé, et ses actes n'ayant aucune valeur pénale, il doit demeurer impuni (1).

Reste enfin une dernière solution à examiner. Peut-il y avoir complicité au cas de simple faute, c'est-à-dire dans un fait non intentionnel ? On l'admet généralement. Le délit ici ne suppose qu'un acte objectif ; c'est là son caractère essentiel. Or il peut se faire que plusieurs personnes aient participé à la production de cet acte objectif. La Cour de cassation (2) a décidé, en ce sens, que rien ne s'opposait à ce que l'auteur d'un délit par imprudence ait des complices. Ainsi le maître, qui donne à son domestique l'ordre de pousser ses chevaux au galop, dans un lieu fréquenté, peut être le complice de l'homicide, ou des blessures causées par le fait du cocher.

(1) Voy. à ce sujet de Molènes, *De l'humanité dans les lois,* p. 645, et Le Sellyer, nᵒ 691.
(2) Cass., 8 septembre 1831, *J. du dr. cr.,* 1831, p. 320.

Les règles de la complicité ne reçoivent donc pas d'exception, car ces règles sont générales, et leur application n'éprouve aucun obstacle réel. Aussi la Cour a-t-elle pu juger que rien n'implique contradiction à déclarer un accusé complice par promesses, menaces, instructions, aide ou assistance, de l'imprudence, ou de la négligence, qui ont occasionné un homicide involontaire.

Cette conclusion a été contestée, et l'on a dit que l'élément intentionnel était essentiel pour la complicité, que celle-ci suppose l'association consciente, volontaire au fait d'autrui. Mais nous ferons observer qu'on peut aussi bien s'associer à un fait d'imprudence qu'à un fait criminel. Les deux volontés ont le même objet, elles portent toutes deux sur le fait d'imprudence. Il n'y a là qu'un fait criminel, et non pas deux délits distincts.

Ainsi l'école classique appelle intention la direction de volonté vers un crime ou un délit. En parlant de l'unité d'intention, elle ne met pas en doute la diversité des différents actes psychologiques de chacun des criminels. Il ne s'ensuit pas de ce que chacun a la même intention, qu'il n'y ait pour tous une volonté générale comme le prétend M. Foinitsky. Dans l'ensemble des actes de volition de tous, il y en a qui présentent une certaine similitude, en ce que tous au point de vue criminel ont un même objet, mais nous avons vu combien cette identité, exigée par la loi, était susceptible de modification suivant les individus.

Nous dirons donc que l'école nouvelle, en cherchant à

faire de l'acte commis par chacun un délit distinct, aboutit à une solution inapplicable en pratique, qui tend à l'arbitraire et à l'incertitude : qu'il faut sans doute tenir compte du caractère, de la témibilité présentés par les codélinquants, mais que le seul point de départ que l'on puisse adopter, c'est le délit fixé et arrêté d'avance par la loi pénale. Il en résulte que celui-ci demeurera un et identique, quel que soit le nombre de ceux qui se réunissent pour le commettre, et qu'il est conforme à la réalité des faits d'admettre, avec l'unité de délit, l'unité d'intention.

CHAPITRE V

DE LA PUNITION DU COMPLICE.

Nous avons examiné les principales critiques dirigées contre l'école classique. Mais il en est d'autres, que les défenseurs de la théorie moderne ont employées pour soutenir leur système, et qui visent des points plus spéciaux. Nous allons les passer en revue et les apprécier, en étudiant les conséquences de la doctrine de l'unité de délit.

On pourrait ramener toutes ces critiques à celle-ci : l'unité de délit exerce son influence sur le mode de punition du complice. Mais, pour la clarté des idées, nous croyons préférable de diviser ce chapitre en plusieurs sections, et nous étudierons successivement :

Section I. — De la distinction entre l'auteur et le complice.

Section II. — De la punissabilité du complice.

Section III. — Des circonstances aggravantes.

§ 1. — Circonstances aggravantes réelles.

§ 2. — Circonstances aggravantes personnelles.

SECTION 1. — De la distinction entre l'auteur
et le complice.

Les auteurs de la théorie nouvelle considèrent que l'unité de délit doit toujours être appréciée d'une façon rigoureusement absolue. C'est là une critique sans doute exagérée, et nous verrons que ce point de vue est inexact. On pourrait formuler leur raisonnement de la manière suivante : tout fait pénal, tout délit comporte une peine fixée par la loi ; toute personne qui commet ce délit doit subir cette peine. Par suite, si plusieurs personnes commettent un seul et même délit, comme l'admet l'école classique au sujet de la complicité, elles doivent toutes subir la peine de ce fait.

Cette déduction pèche par un point. Si, comme nous l'avons déjà vu (V. page 75), tous les coparticipants n'ont commis qu'un seul délit, la culpabilité de tous n'est pas la même vis-à-vis du résultat ; tous n'y ont pas concouru avec la même importance : chacun y a pris une part différente suivant son caractère et la nature du rôle qu'il a été appelé à remplir. Tous révèlent des nuances plus ou moins tranchées, des différences plus ou moins vives, dans la participation elle-même. Il est donc équitable de proportionner la peine, que doit subir chacun des coparticipants, à la part qu'il a prise : les considérer, d'une manière absolue, comme également coupables, cela peut dénaturer la réalité des faits, et, en outre, aller directement à l'encontre du but de la peine.

Mais la loi ne doit point s'égarer dans les classifications multipliées que nécessiteraient les participations distinctes, cela nuirait à la loi pénale, en tenant compte de nuances morales, difficiles à bien caractériser en pratique. D'ailleurs il serait impossible de réaliser une telle œuvre. « La mission de la loi doit se borner à remarquer les différences assez profondes pour entraîner (ajoutons, s'il y a lieu), des peines d'un degré différent (1). »

Aussi en est-on arrivé en général à distinguer, parmi les participants au même crime, les auteurs et les complices. Nous n'irons pas jusqu'à prétendre, comme le fait M. Rossi, que l'intérêt de la justice est qu'il y ait des rôles principaux et des rôles secondaires, pour rendre plus fréquentes les dissensions des associés (2), mais nous croyons que cette distinction, bi-partite, outre qu'elle vient naturellement à l'esprit, résume assez bien les différences qui peuvent exister entre les coparticipants. En effet, dans un crime quelconque, qu'il y ait deux ou plusieurs agents, le rôle joué par eux peut avoir été le même, et alors la loi ne fait aucune diffé-

---

(1) Chauveau Adolphe et Faustin Hélie, *loc. cit.*

(2) Rossi, *Traité du Droit pénal* (p. 28 et s.). Cette idée est en corrélation avec l'idée de Beccaria, qui pense qu'en donnant ces différences à l'auteur et au complice, on empêche la formation de la complicité et, par suite, le crime, car personne ne consent à être auteur.

rence entre eux et les regarde comme des coauteurs. Il n'y a ici aucune raison de distinguer. Ou bien les actes essentiels, constitutifs du crime, ont été accomplis par l'un, ou les uns, alors que l'autre, ou les autres, n'ont fait que des actes de moindre importance. On ne peut trouver, au point de vue de l'application de la loi, de nuances intermédiaires.

Cependant le principe de cette distinction a été nié par les défenseurs de la nouvelle école. Ils se fondent, pour le repousser, sur cette circonstance que les jurisconsultes allemands de notre siècle ont cherché un critérium permettant de distinguer d'une façon absolue l'auteur du complice, mais que toutes ces études n'ont abouti à aucun résultat. Cette critique est vraie en partie. M. Mintz a énuméré, dans sa *Lehre von der Teilnahme*, plus de trente-trois critériums différents proposés par la doctrine allemande, depuis et y compris Feuerbach. Mais il faut dire que le grave inconvénient de toutes ces solutions consiste en ce qu'elles ont un côté trop philosophique, qui les rend inacceptables en pratique. En outre, et ceci est une conséquence de ce qui précède, elles ont le défaut d'être exclusives. Nous avons dit (page 24) qu'elles avaient successivement obéi à trois tendances : objective, subjective et mixte. Or, presque toutes les tendances : subjectives, par exemple, négligent le côté objectif du crime. Ainsi Berner (1) écrit

--

(1) *Lehre von der Teilnahme*, 1847.

que celui qui a eu l'idée du crime est l'auteur, celui qui approuve cette idée et s'y conforme, est un complice.

Aussi les praticiens ne suivirent-ils pas les errements de la doctrine. Pour eux, il n'existe qu'un critérium objectif : c'est en considérant l'importance des actes commis par les criminels qu'on déterminera exactement les rôles joués par eux. « Parmi les actes du crime, dit la Cour de cassation, dans un arrêt du 19 février 1860 (1), il faut distinguer ceux qui, extrinsèques à l'acte coupable, tendent à en préparer, réaliser et faciliter la con-. sommation, et ceux qui, par la simultanéité d'action et l'assistance réciproque, constituent la perpétration même. » Mais la jurisprudence, comme on le voit par les deux dernières lignes de l'arrêt cité, est tombée dans une autre erreur ; elle établissait le critérium dans le temps, non dans l'acte, en décidant que tous les actes concomitants au crime étaient des actes de coauteur. Il y a un motif spécial pour fonder cette règle, c'est que le dernier paragraphe de l'article 60 du Code pénal français cite des actes, qui sont plus que des simples faits de complicité (2). Par suite l'assistance dans les faits qui ont consommé le crime est un acte, non de complice, mais de coauteur. Un arrêt de 1887 dit en ce sens : « at-

(1) Dalloz, 61.1, p. 358.

(2) Art. 60,3 : Sont complices, ceux qui auront avec connaissance aidé l'auteur ou les auteurs de l'action dans les faits qui l'auront préparée ou facilitée ou *dans ceux qui l'auront consommée.* — Les termes de cet article supposent que celui qui a aidé ou assisté n'est qu'un complice.

tendu que celui qui assiste l'auteur du délit dans les faits qui le consomment, coopère nécessairement à la perpétration de ce délit, qu'il s'en rend donc coauteur, d'où il résulte que le délit n'est plus le fait d'un seul... »

Nous croyons cette opinion peu fondée au point de vue rationnel et nous ne saurions approuver le projet du Code pénal français, dont l'article 80 porte : seront punis comme auteurs ceux qui auront... avec connaissance aidé l'auteur et les auteurs. Nous n'admettons pas non plus le système du Code pénal italien, qui place à côté de l'auteur ce qu'il appelle un « coopérateur immédiat », sorte de complice intermédiaire entre le complice proprement dit et l'auteur.

Dans les faits qui constituent le crime, dirons-nous, il y en a qui sont prévus expressément par la loi et qui tendent directement au résultat criminel : ce sera, pour un vol, l'appréhension de la chose d'autrui. Celui ou ceux qui commettent cet acte sont des auteurs : celui qui se borne à faciliter cet acte sera un complice. Sans doute le délit est un, mais on peut faire une analyse abstraite de chacun des actes qui l'ont amené. Il faut chercher si l'acte de participation, en l'isolant de tout autre acte, tombe sous le coup de la loi ; ce sera un acte de coauteur. Si, par lui-même, l'acte de participation est indifférent et qu'on l'incrimine à cause de sa relation avec un autre acte, il faudra le considérer comme un acte de complice.

Ce système sera très facile à suivre, puisqu'il n'exige

qu'un simple examen des actes au point de vue légal. De plus, il répondrait exactement à la notion d'auteur et de complice, l'un ayant commis le fait, l'autre l'ayant assisté. La distinction légale serait aussi simple à établir que l'importance des faits. C'est là une véritable question d'appréciation judiciaire applicable dans tous les cas.

SECTION II. — De la punissabilité du crime.

De ce que l'on établit une distinction fondamentale, au point de vue de la culpabilité, entre l'auteur et le complice, s'ensuit-il nécessairement une différence quant à la peine ?

L'école nouvelle répond négativement. S'il n'y a qu'un seul délit, dit-elle, il y a une seule peine : tout ce qu'on a le droit de faire, c'est en fixant la peine, de se mouvoir entre le maximum et le minimum. Cependant, nous avons vu que la plupart des législations actuelles établissaient une peine inférieure pour le complice.

En effet, le délit que l'on reproche aux agents n'a pas été commis par chacun d'eux de la même manière. La loi, en déterminant la peine de ce délit, a eu en vue le cas normal de la perpétration du crime par une seule personne. Lorsqu'on se trouve en face de l'hypothèse contraire, on comprend très bien qu'on fasse une différence entre celui qui a exécuté la partie la plus importante du crime, et celui qui n'a agi que d'une façon accessoire. Si

le premier se rapproche sensiblement du criminel
isolé, il peut n'en être pas de même du second. Le délit
en lui-même est indivisible ; les actes qui le composent
forment un seul tout au point de vue pénal, mais la peine
se divise suivant des culpabilités respectives, et les agents
peuvent fort bien être soumis à des peines différentes.
Poser comme règle absolue l'unité de peine, c'est méconnaître le rôle du châtiment : la sanction ne s'applique
pas d'une manière nécessaire, automatique, elle se mo-
difie avec les conditions du crime et les caractères aux-
quels elle s'adresse ; sans doute le fait du délit est le même
pour tous ceux qui y ont participé, mais il ne faut pas oublier qu'en même temps que l'école classique pose le
principe de l'unité de délit, elle établit un correctif, en
déclarant reconnaître des culpabilités diverses par une
distinction fondamentale. Il résulte de ceci que l'incul-
pation de l'auteur principal étant corrélative au délit
commis, il n'est en rien obligatoire que le complice su-
bisse la même peine. Le délit limite la peine maxima
que le complice pourra encourir ; nous avons vu que,
quelle que soit l'intention de l'agent d'un délit, les faits
objectifs posent une limite au châtiment qu'il pourra
encourir ; mais les considérations d'après lesquelles on
fixera la punissabilité du complice, sont de nature très
variable. Au cas d'association à toutes chances, il semble naturel que le complice et l'auteur subissent la
même peine, car leur criminalité est la même, et il est
très possible que la différence des rôles dans l'exécution

du délit soit un pur effet du hasard. Il nous paraît que
la faute subjective est ici de nature à permettre, sans
dépasser le fait commis, de punir d'une façon équivalente l'un et l'autre. Mais si le rôle tenu par le complice
provient, non pas d'un plan arrêté par avance, car ce
cas rentre dans le précédent, puisque rien n'empêche
ici que le complice ait imposé les conditions de l'exécution du crime et se soit réservé le moindre rôle, si ce
rôle, disons-nous, provient ou de la répugnance du complice à exécuter les actes immédiats du crime, ou de
sa dépendance vis-à-vis de l'auteur principal (c'est par
exemple le domestique de cet auteur qui aura avec connaissance exécuté quelques-uns des actes du crime) il
nous semble juste de ne pas frapper ce véritable com-
parse de la même peine que l'auteur principal.

Dès lors, pour établir la peine à l'égard des complices, nous pensons qu'il ne faut pas se référer à la faute
objective, comme l'école nouvelle prétend que l'on est
forcé de le faire. Pour nous, et ceci est conforme à la
théorie que nous croyons véritable de la faute subjective, la faute objective a un rôle de limitation, et une
peine ne sera équitable que si elle tient compte de ce
côté du crime. Mais en même temps, dans l'appréciation
de cette peine, dans son application aux cas concrets,
nous estimons que, dans les limites fixées par la faute
objective, toute l'importance sera déterminée par le
côté subjectif du délit. Par suite, nous établirons la proposition suivante : un fait est commis par un auteur

et un complice. Si le complice s'est associé au crime de
façon telle que ce soit la faute objective seule qui dé-
termine les rôles, il faudra fixer la même peine pour
l'un et pour l'autre (1). Si au contraire cette distinction
dans la faute objective correspond à de véritables différences de criminalité, cette diversité de rôles doit se
traduire dans l'application de la peine, et nous donne-
rons au complice une peine inférieure à celle de l'auteur principal.

Nous avons dit, à propos de la distinction de l'auteur
et du complice, que ce sera l'importance des faits objectifs qui déterminera qui sera auteur ou complice.
Entre deux complices, ou entre l'auteur et un complice,
la peine variera au contraire d'après l'importance de la
faute subjective ; posant en principe que le complice,
est responsable du fait commis, on établit la limite
maxima de la peine ; la faute subjective permet de l'a-
baisser. La punition du complice, tout en restant fixée
par le principe de l'unité de délit, variera ainsi suivant
les hypothèses que l'on aura à examiner. Nous évite-
rons par là l'importance exclusive attribuée par l'école
nouvelle au côté subjectif du crime. Nous croyons que
l'intérêt social exige en certains cas une sévérité plus
grande, mais que dans d'autres, il doit être tempéré par
la considération de la criminalité de la personne à ju-

______

(1) Même peine c'est-à-dire, suivant M. Boitard, la même du droit
mais non pas nécessairement d'une peine égale ou de la même peine
de fait.

ger. Nous n'encourrons pas le reproche que l'on fait au système de l'atténuation générale des peines, de rendre la complicité une véritable circonstance atténuante, et en même temps, nous corrigerons ce que la théorie romaine présentait de trop absolu, en ne laissant au juge pour graduer d'une façon plus équitable la peine du complice, que les circonstances atténuantes générales (1).

Nous avons ainsi déterminé la peine du complice. Reste à savoir les conditions dans lesquelles le complice est punissable.

Nous rencontrons encore ici une critique très grave de l'école nouvelle : le complice est punissable pour le délit d'autrui, puisqu'il est admis que le délit est l'œuvre de l'auteur principal ; or, actuellement, on n'admet plus en droit pénal, que la responsabilité individuelle : on fait une véritable exception à cette règle en déclarant le complice punissable pour le délit de l'auteur principal : c'est déclarer qu'il faut étendre la responsabilité au cas de complicité.

D'après la notion classique, il est essentiel que l'acte du complice n'ait pas constitué le fait du délit, si bien que le complice est en réalité poursuivi pour le fait de l'auteur principal. Donc l'acte du complice n'existe pas

____

(1) C'est ce qui arrive en France où le principe romain existe depuis 1810. Dans les législations qui ont le système de l'emprunt relatif, il faut noter qu'outre l'abaissement obligatoire pour le complice, on peut encore lui appliquer les circonstances atténuantes.

au point de vue pénal. Il ne peut y avoir de déclaration légale de complicité, que d'après une déclaration
explicite ou implicite d'un fait principal criminel. Cette
règle, disent les auteurs classiques (1), résulte de la
nature même des choses, car il est évident que s'il n'y
a pas de fait principal, s'il n'existe point de crime (2),
il n'existe point de participation criminelle à ce fait,
de complices à ce crime. Et cette opinion est conforme à celle que nous avons exposée à propos de la
distinction fondamentale entre l'auteur et le complice.

Mais si, pour trouver un critérium, nous avons séparé
les actes de chacun des coparticipants, en disant : il y a
des faits prévus par la loi, qui tendent directement au
résultat criminel et des actes qui les facilitent, en pratique, cette division n'a pas eu lieu, c'est-à-dire qu'en
accomplissant les actes les moins importants, le complice a exécuté pour une part — si faible qu'elle soit, —
le délit. Supposons en effet que l'auteur ait agi seul ; outre les actes constitutifs du crime, il aura dû accomplir
certains actes, que la loi n'a pas visés, parce qu'en eux-
mêmes ils sont indifférents, et qu'ils peuvent ne pas être
essentiels à la réalisation du crime. Ces actes ont pu,
sans doute, donner certaines indications sur la nature
de l'intention du criminel, mais il faut, pour qu'il en
soit ainsi, qu'on les ait rapprochés des éléments du

(1) Chauveau Adolphe et Faustin Hélie, *loc. cit.*
(2) L'exemple classique c'est la non-punition du complice du suicide.

crime, afin de maintenir la relation qui existait entre eux-mêmes et ces derniers. Si ces actes, au lieu d'être commis par l'auteur seul, sont l'œuvre du complice, la relation que nous venons de signaler continue à exister, c'est-à-dire que, pour apprécier ces actes, il faut les considérer dans leurs rapports avec les actes de l'auteur principal. Or, avec cette manière de les envisager, nous voyons qu'ils contribuent également au crime. Ainsi l'achat de substances vénéneuses est, en soi, un fait indifférent. Mais si une personne achète ces substances et les remet à un tiers, qui a convenu avec elle de commettre un crime d'empoisonnement, il y aura là une relation nécessaire entre cet achat et le crime qui l'a suivi, relation suffisante évidemment pour donner à l'acte du complice un caractère délictueux. Inversement, si le fait principal n'a pas lieu, si la personne à qui la substance a été remise n'en fait pas un usage criminel, il est impossible de poursuivre celle qui l'a achetée ; la relation cesse, et nous n'avons plus qu'un acte sans signification aucune.

C'est pour ce motif que la doctrine classique n'admet pas la tentative de complicité. Sans doute, nous nous trouverons parfois en face d'une personne qui a montré le danger qu'elle présentait au point de vue social, par exemple quand un provocateur a communiqué à un tiers son intention de commettre un crime, et lui a proposé de.le réaliser. En supposant qu'il ne doive prendre aucune part matérielle à cet acte, il a achevé

tout ce qu'il aurait fait au cas de crime consommé. Mais
tant que le crime n'est pas réalisé, il n'y a aucune faute
à lui reprocher. C'est un fait resté en suspens, le droit
pénal ne peut, en principe, s'y opposer. Il est la condition d'un autre fait plus grave, plus déterminé, qui n'a
pas eu lieu. De plus, dans l'hypothèse que nous venons
d'examiner, il reste établi que le fait n'a reçu aucune
exécution matérielle et la loi aurait tort en principe de
poursuivre ainsi de simples résolutions.

Cependant, parfois, la loi punit la provocation manquée. C'est ce qui arrive aux cas de menaces, de complots, etc. Mais elle ne les considère pas comme des
tentatives ; elle s'aperçoit qu'il peut y avoir là un certain élément de trouble social, et elle les punit comme
délits spéciaux (1). Il en est de même de la proposition de commettre des crimes, qui est visée par la loi
belge du 7 juillet 1875. Il y a là des faits extérieurs,
que la société a le droit d'ériger en délits, puisqu'ils
sont de nature à troubler la sécurité publique. Dans
tous ces cas, il n'y a pas tentative de complicité, mais
un fait spécial distinct, présentant les caractères d'un
délit achevé, sans dépendance avec un autre fait. Quant
à la tentative de complicité, en elle-même, elle est impossible, pour cette raison bien simple, que l'acte de

---

(1) Cela est tellement vrai, que la loi punit ces faits non de la
peine du crime tenté, mais d'une peine spéciale, généralement inférieure.

complicité n'étant visé qu'accessoirement par la loi, n'est pas punissable s'il n'y a pas de fait principal.

Que décider maintenant quant au reproche de responsabilité pour autrui, adressé à la construction classique de la complicité ? La cause de l'emprunt de criminalité au fait principal, que l'on attribue au complice, c'est sa participation à ce fait. Il ne faut pas oublier que ses actes ont été en relation constante avec ceux de l'auteur et s'ils ne constituent pas par eux-mêmes un crime, il y a un fondement de culpabilité suffisant dans cette division des éléments du crime. Il n'y a donc au cas de complicité qu'une simple application des règles normales : le fait est qualifié d'après ses actes constitutifs, ceux-ci sont l'œuvre de l'auteur. Il s'ensuit de là que le délit sera en lui-même attribué à l'auteur. Quant aux faits qui se rattachent au crime, faits commis par le complice, ils dépendent du crime lui-même, ils en sont inséparables et la responsabilité étant indivisible, comme le délit, le complice, en ce sens sera responsable du crime de l'auteur principal.

SECTION III. — Des circonstances aggravantes réelles et personnelles.

§ 1. Circonstances réelles. — § 2. Circonstances personnelles.

Pour terminer l'étude de la punissabilité du complice, il nous faut dire quelques mots de ce qu'on appelle les circonstances aggravantes du délit.

Lorsque la loi pénale définit un délit, elle le considère toujours dans ses éléments les plus simples, et abstraction faite de toutes circonstances qui peuvent le rendre plus ou moins punissable. Ainsi l'article 295 du Code pénal dit que l'homicide commis volontairement est qualifié meurtre. Mais il peut se faire qu'il s'adjoigne à l'acte des circonstances qui augmentent la culpabilité de l'agent : ainsi la préméditation. En sens inverse, il se peut que le meurtre n'ait été commis qu'à la suite d'une provocation et alors le meurtrier est considéré comme excusable (art. 321, C. P.).

Ces circonstances aggravantes ou ces excuses ont-elles influence sur la peine à infliger au complice ? Cette question doit être posée, car le crime en lui-même est modifié, et comme le complice en est responsable, sa responsabilité variera avec le crime.

L'école nouvelle déclare que dans la notion classique, on ne peut qu'appliquer au complice les circonstances aggravantes et les excuses du fait principal, puisque sa personnalité n'existe plus et qu'il emprunte la criminalité du fait principal. Pour examiner cette assertion, nous distinguerons, parmi les circonstances, celles que l'on peut appeler réelles, car elles tiennent au fait lui-même, des circonstances personnelles qui se rencontrent chez l'auteur principal.

§ **1**. — **Circonstances réelles**.

Au cas de circonstances réelles, nous avons vu que les législations étaient partagées.

Au point de vue rationnel, puisque l'intention est exigée chez le complice pour qu'il soit punissable, elle doit exister non seulement pour le fait en lui-même, mais encore pour les circonstances qui sont inhérentes à ce fait. Par suite, pour rendre le complice responsable de ces circonstances, il est nécessaire qu'il les ait connues. Leur effet s'étend ainsi à tous ceux qui ont pris part, sciemment, aux faits ainsi modifiés. S'ils les ignorent, il nous semble contraire à l'équité de passer outre, et de leur infliger la peine ainsi aggravée.

Aussi ne saurions-nous approuver la loi française qui, sauf pour un cas où elle a dû adoucir la règle (1), présume toujours la connaissance, chez le complice, des circonstances du crime, quelles qu'elles soient. Il arrive ainsi qu'un recéleur, considéré par cette loi comme un complice, peut être condamné aux travaux forcés pour avoir acheté des objets provenant d'un vol avec circonstances aggravantes. Or, au point de vue intentionnel, il n'y a qu'une chose qu'on puisse affirmer : c'est la provenance suspecte des objets. Mais de là à le rendre responsable comme celui ou ceux qui ont commis le vol, il y a une différence trop sensible pour que nous admettions cette décision légale.

(1) Voir article 63 modifié par la loi de 1832.

Cependant il y a une hypothèse où cette intention nous paraît exister : c'est lorsque le complice s'est associé au crime à toutes chances ; il a ainsi donné, par avance, son adhésion à l'acte criminel sans aucune limitation, c'est donc que dans son esprit il a prévu toutes les chances d'aggravation possibles du crime. Il y a bien là une intention d'y participer, peu importe qu'elle soit encore indéterminée, si le fait lui-même est exactement déterminé. Sa culpabilité nous semble au moins aussi certaine que si la circonstance aggravante avait été connue de lui. Mais, ici encore, de même que pour appliquer la même peine, il serait nécessaire d'établir préalablement le caractère général de l'association.

§ 2. — Circonstances personnelles.

Les circonstances personnelles peuvent être de différentes sortes. Les unes n'exercent leur influence que sur la culpabilité morale. Telle sera par exemple la récidive chez l'un des agents. Personne n'admet la communicabilité de celles-ci au complice, car il emprunte la criminalité de l'auteur, mais non sa culpabilité (1). Ceci entraîne des conséquences au point de vue de la punition et consacre l'indépendance de la peine à l'égard de tous les coaccusés. On pourra, d'après cela, accorder les circonstances atténuantes à l'un et les refuser à

(1) Garraud, *loc. cit.*

l'autre, même si le premier est l'auteur principal et le
second le complice ; allant plus loin, on pourra acquitter
l'auteur principal et condamner le complice. La jurisprudence dit, avec raison, que la relation existe entre
les faits, non entre les personnes. Ce qu'on exige pour
punir le complice, c'est qu'il y ait un fait criminel auquel il se soit associé ; il n'y a pas besoin qu'il y ait un
auteur principal criminel (1).

Cette appréciation de la culpabilité individuelle nous
paraît exacte, mais on peut se demander s'il n'y aurait
pas lieu de faire entrer, dans cette considération, l'intention, dans les cas où, d'après la loi, elle peut faire
augmenter ou diminuer la peine. Ainsi le meurtre simple est puni des travaux forcés à perpétuité, le meurtre
prémédité, ou assassinat, emporte la peine de mort. Or
il peut arriver que, bien que l'intention fût la même lors
de l'exécution du crime, elle se soit produite à des
époques différentes chez les coparticipants. Ainsi l'auteur principal a prémédité son crime ; au contraire,
chez le complice l'intention est née au moment du délit.
Au point de vue de la complicité, il y a eu à ce moment
intention semblable chez les agents et par suite unité
de délit. Faut-il considérer ce caractère de l'intention
comme une circonstance de la culpabilité individuelle ?
Il semble que l'on devrait répondre affirmativement, car
l'intention, a dit le conseil de revision d'Alger (2), est

(1) M. Le Poittevin à son cours.
(2) 13 janvier 1884.

attachée à la personne. Cependant la jurisprudence
n'admet pas cette manière de voir d'une façon absolue.
Un arrêt décide que, s'il s'agit de deux coauteurs, l'un
peut avoir prémédité, et l'autre non. Au contraire, quand
il y a un auteur et un complice, un autre arrêt dit que
même si le complice n'a pas prémédité le crime, il encourt l'aggravation résultant de ce que l'auteur principal l'a prémédité. Il y a ici à notre avis un abus du principe de l'emprunt de criminalité.

Il y a d'autres circonstances personnelles : ce sont
celles qui tiennent aux qualités de la personne coupable, par exemple, la qualité de descendant de la personne tuée en crime d'homicide, d'où résulte le parricide,
la qualité de fonctionnaire ou officier public en crime de
faux dans les actes de son ministère, celle de domestique dans le vol. Supposons que l'une de ces qualités se
rencontre chez l'auteur principal, aura-t-elle influence
sur la peine du complice ?

Cette question a été résolue de façons différentes dans
l'école classique.

La plupart des auteurs ont nié cette influence, en
disant que ces qualités personnelles devaient être trai-
tées comme la culpabilité individuelle, à laquelle elles
se rattachent. Cette qualité, dit-on, est indépendante du
fait du complice. « Ce sont là des circonstances, disent
MM. Chauveau Adolphe et Faustin Hélie, qui n'appartiennent point au crime ; elles n'entrent pas plus dans
le calcul ordinaire de la peine ; elles dérivent de la seule

qualité d'une personne, elles sont personnelles et l'aggravation qu'elles entraînent ne peut être étendue. »
« N'y a-t-il pas une flagrante injustice à punir comme
le domestique infidèle, comme le fonctionnaire dilapi-
dateur, comme le fils parricide le complice qui en se rendant coupable d'un crime, n'a du moins trahi ni la foi
d'un maître, ni les devoirs de sa fonction, ni les sentiments les plus sacrés de sa nature. Si les devoirs de
l'un et de l'autre n'étaient pas égaux, comment le crime
peut-il être égal ? »

D'ailleurs, en faveur de cette opinion, l'on peut faire
remarquer les singulières conséquences du système
opposé. C'est ainsi que la jurisprudence, décidant que
l'article 59 du Code pénal s'appliquait aussi à cette hypothèse, a jugé que le complice subit l'aggravation provenant de la qualité personnelle de l'auteur, si celui-ci
est condamné, mais que si l'auteur est acquitté, le complice puni ne la subira plus. Si au contraire la qualité
personnelle se trouve chez un auteur, son coauteur n'en
subit pas l'aggravation, c'est-à-dire que le coauteur
sera moins puni que s'il avait été complice, car le coauteur n'emprunte pas la criminalité d'autrui.

Pour justifier ce second système, Ortolan (1) a dit que
les délits, dans lesquels se rencontrent de semblables circonstances personnelles, sont des délits plus criminels
en eux-mêmes que les délits correspondants, dans les-

(1) *Code pénal*, n° 1285.

quels ne se rencontrent pas ces circonstances. Assurément celui qui aide un fils à tuer son père fait preuve de plus de perversité, et par conséquent est plus coupable lui-même, que s'il s'associait à un délit analogue mais franc de ces circonstances.

Il y a une part de vérité dans cette opinion, et elle a sur la précédente l'avantage de tenir compte du fait d'association. Cependant elle en tient compte d'une manière incomplète, en n'y attachant plus aucune importance, lorsque les coupables sont tous des coauteurs.

Le Code belge (art. 69) dit que les complices d'un crime seront punis d'une peine inférieure à celle qu'ils encourraient s'ils étaient auteurs. Par suite, au cas de parricide le complice n'encourra que la peine d'un crime simple, car il n'aurait commis qu'un crime simple s'il avait été auteur.

En législation il nous semble que le système préférable serait celui du Code pénal italien (1) d'après lequel, en principe, l'aggravation est personnelle, mais a cependant influence sur tous ceux qui auront connu cette qualité, et si cette qualité a servi à faciliter l'exécution du crime. Cette solution nous paraît très bien

---

(1) Article 65. Les circonstances et les qualités inhérentes à la personne permanente ou accidentelle, à raison desquelles est aggravée la peine à l'égard de l'un de ceux qui ont concouru à l'infraction, si elles ont servi à en faciliter l'exécution sont imputables aussi à ceux qui en ont eu connaissance au moment où ils ont prêté leur concours.

concilier les difficultés de la question en posant le principe de la personnalité, et en le tempérant par la considération de la qualité d'autrui, si elle est connue. Nous verrons plus loin, en effet, quelle importance il faut donner au fait de l'association, quand il s'agit de la complicité, et le système italien a l'avantage de ne pas le négliger et en même temps d'empêcher l'abus des règles d'emprunt de criminalité.

Nous avons ainsi terminé l'examen de la notion classique, en ce qui concerne la punissabilité du complice.

Nous voyons que les critiques dirigées par l'école nouvelle, critiques déclarant la fausseté du principe par suite des conséquences contraires qu'on est obligé d'admettre, sont empreintes d'une grande exagération. Elles ont considéré le système de l'emprunt absolu comme l'unique application possible de l'idée d'unité de délit, sans s'apercevoir que l'unité de délit ne supposait pas l'unité de peine, et qu'il y avait là deux domaines distincts : celui de la faute et celui du châtiment.

CHAPITRE VI

DES MODES DE LA COMPLICITÉ.

Section I. De la complicité par aide et assistance. — Section II. De la complicité par recel. — Section III. De la complicité par provocation.

Si divers que puissent être les actes de participation à un crime, la loi se trouve dans la nécessité de distinguer plusieurs modes de coopération. Mais il ne faut pas exiger ici une classification très détaillée, qui serait de nature à nuire à la clarté de la loi, soit par la multiplication des définitions, soit par l'appréciation délicate des nuances qui pourraient les distinguer. Dès lors, l'œuvre du législateur consistera à poser un certain nombre de règles, chacune embrassant des modes de participation analogues, de façon à permettre de placer dans une catégorie donnée les actes des complices, en chaque cas concret, et de faciliter ainsi par la précision la plus grande possible, l'appréciation exacte des rôles au point de vue de l'application de la loi.

Sur ce point, l'école classique reconnaît trois classes principales de complices :

Les complices antérieurs à l'exécution du délit ou

provocateurs que nous étudierons dans notre section III.

Les complices par recel (V. Section II).

Les complices par aide et assistance dans lesquels nous comprenons également les cas de complicité prévus par l'article 60-2° : « Ceux qui auront procuré des armes, des instruments ou tout autre moyen qui aura servi à l'action, sachant qu'ils devaient y servir. » Ce sont en effet, comme on l'a dit, des actes de complicité par aide et assistance antérieurs au crime.

Les auteurs de l'école nouvelle, ne connaissant plus la complicité, regardent comme auteurs tous ces coopérateurs. Cependant si leurs projets de loi se contentent de poser des règles extrêmement larges, qui tendent à punir tous ceux qui ont participé au délit, de quelque manière que ce soit, il faut remarquer que non seulement les exposés de la doctrine envisagent plus ou moins les divers modes de complicité d'après la classification classique, mais encore que cette division tripartite se retrouve également dans leurs ouvrages. En effet, tous considèrent le recel comme un délit spécial, et en même temps, ils étudient souvent la construction de la provocation ; ils en font une véritable étude distincte. Nous analyserons séparément ces catégories, en commençant par celle qui nous semble offrir les difficultés les moins grandes.

SECTION I. — De la complicité par aide et assistance.

Ce mode de participation n'est pas de nature à nous retenir longtemps, car, lorsqu'on parle de complicité pure et simple, c'est généralement celui que l'on a en vue. Il résulte de là que la plupart des critiques faites par la doctrine de l'Union internationale du droit pénal s'adressent à lui, et qu'en nous efforçant de justifier la notion classique de la complicité, nous avons eu surtout en vue la complicité par aide et assistance. M. Foinitsky déclare, au sujet de cette participation, qu'il ne faut attribuer au complice par aide et assistance que ce qui est réellement le résultat de son acte, c'est-à-dire que les actes objectifs du complice constituent son propre délit et que son intention est limitée à ces actes. Nous avons vu qu'il y avait une erreur à croire à la possibilité de constituer un délit, avec des actes qui n'ont aucune signification en soi.

En ce qui concerne l'intention, nous sommes arrivé à la même conclusion : le complice, en agissant, a la volonté de prendre part au crime de l'auteur principal.

SECTION II. — De la complicité par recel.

Le Code pénal français, dans ses articles 61 à 64, considère le recel de choses comme un cas de complicité. Il suit ainsi la théorie de la loi romaine, qui voyait dans le recel la présomption d'une association antérieure, et qui frappait ainsi cette association.

Cependant, en général, la doctrine classique est d'avis contraire. Pour constituer un fait de participation à un crime, il est nécessaire qu'un acte soit antérieur ou concomitant à ce crime. Or le recel est essentiellement postérieur au crime : il a sans doute une relation avec lui, mais c'est un fait nouveau, car on ne peut concevoir la participation à un crime achevé. La relation entre le recéleur et les auteurs du crime consiste en ce que le premier a pour but de tirer profit de ce que les autres ont fait. En réalité, il y a deux séries d'actes objectifs successives. « Un homme, a dit Rossi, puni comme complice d'un meurtre parce qu'il en est informé ! Complice de meurtre parce que, dans sa cupidité, il profite d'un crime qu'il n'est plus en son pouvoir d'empêcher ni de défaire ! La fiction est forte (1) ... » Il n'y a donc pas coopération au crime. L'acte de recel est autre que le délit reproché à l'auteur et aux complices.

Traiter le recéleur de complice, c'est se mettre en contradiction avec le principe classique. Comme l'écrit Ortolan, dans la complicité, il y a unité de délit : « or le délit était terminé, ce sont de nouveaux faits qui se sont produits. Les complices doivent avoir été liés d'une manière quelconque à l'une des phases parcourues par l'action même du délit : ici cette action

____

(1) *Droit pénal*, tome II, Ch. des codélinquants.

avait pris fin ; les nouveaux agents y ayant été étrangers, et le passé étant irrévocablement passé, rien dans
les actes postérieurs ne peut faire qu'il en soit autrement ... »

La question sera-t-elle modifiée lorsque le complice
a promis par avance son concours ? Ici, le lien entre le
crime commis, et le fait du recel est beaucoup plus fort.
La perspective pour l'auteur d'un vol, de pouvoir facilement retirer un profit pécuniaire des objets soustraits,
sera un motif qui l'encouragera à commettre son
crime. Aussi pensons-nous que l'on doit tenir compte,
dans la punition du recel, de l'importance du premier crime. On ne peut pas dire évidemment qu'il y
a là un véritable cas de complicité, mais cependant il
faut remarquer que dans cette hypothèse le recel semble continuer le crime ; nous trouvons les éléments de
délits distincts : actes objectifs différents, ayant chacun
de leur côté une signification pénale différente, et intentions différentes : le voleur soustrait un objet pour le
vendre, le recéleur le lui achète, à vil prix généralement,
connaissant cette provenance délictueuse, pour le reven-
dre à bénéfice. Dans les deux cas, il y a espérance de
gains illicites sur le même objet mais ces gains sont ob-
tenus de façon différente. Le recéleur veut se le procurer
par une sorte d'acte de spéculation, et son crime consiste
à acheter un objet volé avec intention de profiter de la
soustraction commise, c'est-à-dire d'un acte illicite antérieur et achevé. Le crime du voleur, c'est la soustraction

avec l'intention de prendre cet objet. Mais, entre ces deux actes, il existe, dans notre hypothèse, une relation créée par la convention, d'après laquelle le recéleur a promis au voleur, avant le vol, de lui acheter les objets soustraits.

Cette différence entre le recel promis d'avance, et le recel pur et simple, se traduira par une modification de la peine dans l'un et l'autre cas. On fixerait, par exemple, une peine pour le recel ordinaire, comme pour tout autre délit indépendant. Si, au contraire, il y a eu accord préalable, on tiendrait compte de cet accord en modifiant la peine applicable au recéleur suivant la peine infligée à l'auteur du crime antérieur. C'est ce qu'on exprime souvent en disant, qu'en ce cas, il y a complicité spéciale.

Cette théorie est en vigueur dans certaines législations étrangères actuelles. En Allemagne, d'après les articles 257 et suivants, le recéleur est qualifié de « complice par assistance subséquente » s'il a prêté assistance dans son propre intérêt; sa peine, qui ne dépasse jamais un an de prison, ne peut être plus forte que celle de l'auteur. Quand il a promis son concours d'avance, il devient « complice par assistance », et sa peine n'est plus fixe : elle varie suivant le crime de l'auteur. Bien que ne posant pas une distinction suffisante entre la complicité et le recel, cette législation arrive au même résultat. Citons encore les lois belge (art. 505) et italienne (art 421), qui appliquent les mêmes principes.

Quant aux circonstances, elles devraient évidemment influer sur la peine au cas de recel promis d'avance, si elles ont été connues du recéleur.

Ainsi, sur ce point, les critiques de l'école nouvelle sont les mêmes que celles qui ont été faites, depuis longtemps déjà, par les auteurs classiques. Il y aurait un autre avantage à suivre ce système : avec les facilités de communication, il arrive journellement que les produits d'un vol commis dans un pays sont expédiés à l'étranger, chez des recéleurs spéciaux. C'est ce qu'on appelle le recel international. Le recel, n'étant qu'un fait de complicité, ne sera punissable en France que si le fait principal l'est également, et comme, d'après l'article 7 du Code d'instruction criminelle, les tribunaux français ne sont compétents que pour les crimes commis sur le territoire national, il s'ensuit de là que les recéleurs de vols commis à l'étranger, jouissent d'une impunité presque absolue. La seule mesure que l'on puisse diriger contre eux, c'est de demander leur extradition, ce qui est subordonné à la condition que le voleur soit lui-même un étranger. En faisant du recel un délit, distinct, il suffirait, pour frapper le recéleur, de connaître la provenance des objets qui se trouvent en sa possession ; la répression de ces faits sera ainsi facilitée.

Jusqu'ici nous n'avons eu en vue que le « recel de choses ». Il existe une autre variété de recel qu'on appelle le «recel de personnes ». L'article 61 du Code pénal français punit comme complices « ceux qui, connaissant la conduite habituelle des malfaiteurs,.. leur fournissent habituellement logement, lieu de retraite ou de réunion ». Dans cette disposition, il faut remarquer que ce n'est pas le recèlement, mais l'habitude de recéler qui constitue la complicité. Mais il semble en outre résulter des termes de l'article 61, que le Code pénal ne fait du recel un cas de complicité, que s'il est concomitant au crime principal. L'article 248 en effet, punit ceux qui auront recélé des personnes qu'ils savaient *avoir commis* des crimes. Dès lors, puisque la question se restreint au cas de recel actuel, nous dirons qu'il y a lieu de suivre ici les mêmes règles que pour le recel de choses, — c'est-à-dire que la peine du recel variera avec le crime commis par la personne recélée.

Au recel, nous adjoindrons un mode de complicité, que la plupart des législations actuelles négligent. C'est la non-dénonciation faite du crime par une personne, qui en a eu connaissance. Les anciens jurisconsultes ont beaucoup discuté à ce sujet. Aujourd'hui tout le monde admet qu'en soi un tel acte n'est pas un fait de complicité, car il est étranger à la résolution et à l'exécution du crime. L'auteur de cet acte peut être considéré comme ayant manqué à un grave devoir (1), mais

(1) Cette opinion n'est pas très ancienne, et le législateur de 1832 en abolissant la peine pour certains cas de non-dénonciation (Voy. art. 103 à 107, C. pén.), considérait qu'il y avait un véritable devoir moral à ne pas dénoncer un crime commis. Voy. en ce sens, Chauveau Adolphe et Faustin Hélie, *op. cit.*

il ne s'ensuit pas de là qu'il approuve l'acte commis, et qu'il soit d'une criminalité égale à celle du coupable. Cependant, au cas où le silence a été acheté d'avance, peut-être pourrait-on incriminer l'auteur de l'abstention ; dans les autres cas cela paraît bien difficile. Il en serait autrement au cas où le crime n'est pas encore commis, et où on sait qu'il doit avoir lieu. La personne ainsi informée n'assume-t-elle pas une grave responsabilité, en ne dénonçant pas ce crime possible ?

La nouvelle école, blâmant la dépendance du recel dans la théorie classique, déclare qu'il serait logique, dans cette dernière théorie, de faire de la non-dénonciation un cas de complicité. Nous avons vu, que déclarer le recel une participation à la complicité, était, à notre avis, une erreur ; quant à la non-dénonciation, nous croyons que le rapprochement fait par la nouvelle école n'est admissible que relativement au temps de l'acte. En d'autres termes la non-dénonciation, comme le recel, est postérieure au délit. Mais alors que, dans le recel, nous nous trouvons en face d'un agent accomplissant un acte positif, soit qu'il consente à acheter les objets vendus, soit qu'il dissimule les personnes coupables, il n'en est pas toujours ainsi de la non-dénonciation ; ce n'est qu'un acte d'abstention. La notion des deux actions est loin d'être la même, l'une est positive, l'autre négative.

SECTION III. — **De la complicité par provocation.**

Lorsqu'on examine la théorie de l'Union internationale, on s'aperçoit que c'est surtout ce mode de complicité qui fait l'objet des critiques, et il semblerait que les formules qui ont été proposées par les partisans de cette doctrine, ne leur ont pas paru satisfaisantes. C'est du moins l'impression qui se dégage de la lecture du compte rendu du congrès de Linz (1).

Malgré notre intention de ne pas aborder les questions générales du droit pénal, nous devons dire quelques mots des opinions doctrinales sur la liberté, parce que c'est en se fondant sur les théories du libre arbitre que l'école nouvelle a attaqué la construction classique de la complicité par provocation.

Le droit pénal étant une science morale, il nous paraît dangereux de déclarer qu'il faut laisser de côté une question aussi importante que celle du libre arbitre. La plupart des hommes croient à leur liberté, et puisqu'en fait cette croyance existe, il est grave, à notre avis, de chercher à la détruire, en fournissant au criminel l'excuse du déterminisme. N'est-ce pas l'encourager à céder à toutes les tentations ? D'ailleurs cette négation est illogique si l'on ajoute qu'il ne faut rien décider sur ce point. Pourquoi supprimer ainsi un motif qui est de

(1) Dans le *Bulletin de l'Union internationale du droit pénal*, année 1895

nature à faire hésiter beaucoup de délinquants, chez qui
la conscience morale n'a pas encore disparu? Sans doute,
une science positive ne doit s'appuyer que sur des faits
absolument certains, mais quand elle rencontre des
croyances aussi générales, aussi fermement enracinées,
elle est obligée d'en tenir compte.

L'école nouvelle, en niant la liberté d'une façon aussi
catégorique, encourt donc un double reproche :

Elle nie, contrairement à la méthode positive, un fait
qui est dans le domaine de l'incognoscible, c'est-à-dire
qu'elle affirme une proposition pour laquelle les faits
ne nous présentent aucune base certaine.

Elle ne tient pas compte d'une croyance, sinon admise par tous, au moins acceptée en pratique par tous,
car les hommes se conduisent comme s'ils étaient libres,
et croyaient à leur propre liberté.

Nous comprenons d'autant moins l'assertion dont
nous parlons, que les auteurs qui l'ont produite admettent la responsabilité individuelle. « Toute force qui
n'est pas libre, dit Ortolan, ne saurait être cause première... Il n'y a qu'une force libre qui puisse être cause
efficiente. La première condition de l'imputabilité, c'est
la liberté. Si l'on regarde l'homme comme déterminé,
ce n'est pas de responsabilité qu'il y a lieu de parler
mais de causalité. Il sera un anneau dans la chaîne des
causes qui aboutit à l'effet criminel.

M. Getz demande si, lorsqu'on élève la minorité pénale, l'enfant responsable hier, irresponsable aujour-

d'hui, était plus libre hier qu'aujourd'hui ? Dans ces termes, la question n'est guère résoluble. Mais allons au fond des choses. La loi, en fixant un âge à partir duquel elle peut demander à quelqu'un compte de ses actes, a-t-elle en vue de déterminer l'âge de la liberté de cette personne ? Evidemment non, ce n'est pas uniquement sur la liberté qu'elle se fonde pour établir la minorité. Elle présume que dans la plupart des cas, avant seize ans, par exemple, l'enfant ne saura pas les conséquences des faits qu'il commet ; mais d'une part, en posant la question de discernement, elle admet, en quelque sorte, la preuve contraire, et d'un autre côté, elle ne nie pas qu'il soit libre avant cet âge. Si la responsabilité suppose la liberté, elle exige en même temps d'autres conditions, entre autres la connaissance, la distinction du bien et du mal. Il n'y a pas seulement un acte de volonté, il y a en même temps un acte de l'intelligence.

Arrivons maintenant à la provocation.

L'article 60 du Code pénal français déclare qu'il y a provocation quand le complice « aura par dons, promesses, menaces, abus d'autorité ou de pouvoir, machinations ou artifices coupables, provoqué à l'action ou donné des instructions pour la commettre ». Cette définition, ou plutôt cette énumération est assez complète. Le principe qu'elle contient a été l'objet de vives attaques de la part de quelques jurisconsultes classiques, notamment de Rossi (1). Cet auteur admet, avec la no-

____

(1) *Traité du Droit pénal*, tome II, Chapitre Des Codélinquants.

tion classique, le système de l'emprunt relatif de criminalité, c'est-à-dire qu'il frappe le complice d'une peine inférieure à celle de l'auteur principal. Mais, dit-il, il est impossible de considérer l'instigateur comme un complice. Il y aurait là une injustice dont abuserait tout homme influent. Dans bien des cas, l'auteur du projet criminel est aussi coupable que l'exécuteur de l'acte matériel, peut-être même l'est-il davantage. On objecte que le crime n'aurait pas lieu sans cet auteur matériel. Mais cette exécution sera-t-elle la cause du crime ? et d'ailleurs l'auteur matériel ne reste pas impuni.

Cette opinion ne nous paraît pas acceptable. On peut, en certains cas, considérer la provocation comme un délit distinct. C'est ce qui arrive lorsque l'on punit les complots ou même quelquefois la proposition de commettre un crime ; il y a ici des faits, qui sont très graves en eux-mêmes, qui ont donné lieu à des faits objectifs absolument certains et surtout qui sont indépendants au point de vue pénal, de sorte que leur côté objectif est appréciable. Au contraire, lorsqu'un crime est commis, si l'on dit : il y a deux auteurs, l'un matériel, l'autre moral, on ne peut empêcher que la participation du second ne soit la condition de la faute du premier. La punissabilité du provocateur est subordonnée à un événement postérieur. Il est impossible de maintenir à la fois la dépendance de ces deux actes, et de consacrer leur égalité vis-à-vis du résultat. Des deux éléments du délit, la provocation ne supposant en principe que l'élément intentionnel est forcément accessoire à un autre fait (1).

La provocation est donc un cas de complicité, c'est, comme on l'a dit quelquefois, la participation morale au délit, par opposition avec la complicité par aide et assistance, qu'on nomme la participation matérielle. Le provocateur est donc responsable du crime de l'auteur principal. D'après l'école nouvelle, cette construction est complètement illogique. En effet, dit M. von Liszt (2), l'école classique admet la liberté ; elle devrait donc déclarer que l'auteur principal s'est déterminé seul, l'influence du provocateur ne doit pas exister. Par suite, pourquoi punir le provocateur, puisqu'il n'y a pas rapport de cause à effet entre son acte et le crime ? Il y a, dans le système classique, une contradiction manifeste.

La causalité ne joue de rôle, en droit pénal, qu'au point de vue objectif. On ne punit un homme que si par ses actes il a causé un crime. Le complice par aide et

______

(1) Il résulte donc de ceci que la provocation est un fait intentionnel. Or certaines législations punissent la provocation manquée; cependant, pourrait-on nous objecter, nous avons dit que le crime comportait toujours des faits objectifs, que la simple intention n'était pas punissable. Il faut remarquer, répondrons-nous, que la provocation c'est la manifestation d'une intention : il y a donc plus qu'un acte purement subjectif, mais ce n'est pas non plus un acte ordinaire d'exécution ; aussi la loi punit-elle ce fait de peine spéciale. En tous cas, ceci ne s'applique pas à la provocation suivie de résultat à cause du lien, qui existe, par cela même qu'elle a abouti, entre le fait objectif de l'un et le fait intentionnel de l'autre.

(2) *Lehrbuch des deutschen Strafrechts*, p. 193.

assistance est également soumis à la causalité, car son acte, s'il est moins important que celui de l'auteur a, aussi contribué à l'établissement du crime. Si l'on veut, il n'est pas cause efficiente, il est cause secondaire. De même que pour l'auteur, il n'est pas nécessaire que les actes accomplis soient utiles pour le résultat, il suffit qu'ils témoignent de l'intention irrévocable de rechercher ce résultat ; c'est-à-dire que les actes des complices sont utiles pour le délit, s'il est prouvé de façon certaine qu'ils voulaient y contribuer.

Mais le provocateur, comme nous l'avons dit, ne commet pas d'acte objectif. Seul, l'élément intentionnel existe chez lui ; il ne sera donc pas une cause matérielle du délit.

Cependant, il faut remarquer qu'il a suggéré l'idée du délit à l'auteur principal ; sans lui, il est très possible que la résolution de commettre le délit n'ait jamais été prise, et, en ce sens, il est absolument exact de dire qu'il est cause, cause morale si l'on veut, du crime. S'ensuit-il de là qu'on doive nier la liberté ? Ce serait là une assertion bien absolue, car puisque, suivant l'expression de M. Getz, tout le monde admet l'influence des motifs sur la volonté, ceux que le provocateur présente au provoqué ont forcément contribué à la détermination prise par celui-ci : l'habileté du provocateur consistera à présenter ceux qu'il sait les plus propres à amener chez le provoqué la résolution qu'il espère. Mais il n'y a là rien de nécessité, et il peut arriver que le provocateur échoue. Sa part dans le crime consiste donc à avoir fourni l'idée première de ce crime ; il ne faut pas d'ailleurs considérer comme provocation la simple émission d'une idée. C'est un acte laissant trop peu de traces, et ne supposant pas chez son auteur une intention suffisante. Aussi la loi, au lieu de se contenter du simple terme de provocation, a-t-elle eu soin de montrer par des exemples, quels actes elle comprenait sous ce mode de complicité.

Quant à l'auteur matériel, le fait qu'il n'a pas conçu l'idée du délit, n'a, à notre avis, aucune importance. En matière pénale, on ne recherche pas l'origine de l'idée du crime pour punir le criminel. Le point essentiel c'est qu'il a adopté cette opinion, il l'a mise à exécution, il réunit les deux éléments, intentionnel et matériel, du crime.

L'école nouvelle relève au sujet de la provocation une seconde contradiction : lorsque pour une cause ou pour une autre l'auteur matériel est irresponsable, il n'y a pas de crime ; l'instigateur, dit-elle, ne devrait pas être poursuivi.

La doctrine allemande échappe à cette critique. Pour elle, en effet, l'instigateur n'est pas un complice, mais un auteur médiat (mittelbare Urheber). Il y a là une application de la doctrine, réfutée ci-dessus, de Rossi. Dans l'hypothèse actuelle, l'instigateur étant un auteur, supportera la peine comme tel, car d'auteur à auteur il n'y a pas de lien de dépendance. Nous avons montré l'insuffisance de cette théorie. Pour répondre à la seconde critique de l'Union, nous dirons : lorsque l'auteur matériel est en état de démence, par exemple, il a causé un fait criminel, mais il est exempt de peine. Le complice emprunte la criminalité du fait principal. Or celui-ci ne cesse pas d'exister parce que l'auteur n'est pas punissable, il ne devient pas un fait indifférent. Il en serait autrement si au lieu d'un fait de non-culpabilité, nous nous trouvions en face d'un fait justificatif, tel que la légitime défense. Ici, la criminalité du fait lui-même disparaît. Au contraire, dans notre hypothèse, c'est la criminalité de l'auteur matériel seul qui disparaît, celle du fait subsiste et par suite celle du complice (1).

La provocation a fourni matière à la plus grande partie de la discussion du Congrès de Linz. Déjà avant 1895, on avait établi des formules à son sujet. M. Foinitsky, dans son étude de 1892 en avait donné une, mais il ne nous semble pas qu'elle ait eu une grande influence, à cause de son manque de précision. M. von Liszt a aussi critiqué la construction classique, ce sont MM. Getz et Nicoladoni, qui ont surtout présenté les tendances actuelles de la nouvelle doctrine.

D'après M. Getz, la provocation est la cause du crime.

____

(1) La jurisprudence exprime la même idée sous une autre forme, en disant qu'il y a là une exception personnelle à l'auteur du fait principal déclaré constant, qui ne saurait empêcher la condamnation du complice. Voy. Cass., 28 novembre 1845, D. 46, 4, 94 ; 23 janvier 1873 ; D. 74, 5, 128.

La complicité n'existant plus, tous ceux qui font acte de coopération sont des auteurs, tous ces auteurs ont causé le crime. Le provocateur est l'une de ces causes, dont l'action est l'effet : celui qui provoque au meurtre sera un meurtrier, comme celui qui exécute matériellement ce meurtre.

Cette formule a l'inconvénient, au point de vue de la nouvelle école, de reproduire précisément une des règles de l'école classique La provocation, étant une cause, est subordonnée à l'arrivée du résultat ; dans l'hypothèse ci-dessus, si le meurtre n'a pas lieu, la provocation, la cause reste suspendue. Nous nous voyons forcés de réunir des actions qui devraient constituer des crimes distincts ; nous nous préoccupons d'un fait principal. Il est essentiel en effet, pour dire qu'une personne a causé un meurtre par sa provocation, que nous sachions que le meurtre a eu lieu (1). Constatons, en outre, que s'il y a une lacune dans la doctrine classique lorsqu'on ne punit pas la provocation manquée, c'est-à-dire la tentative de complicité, cette lacune existera également d'après la formule de M. Getz.

En soi, la formule ci-dessus est exacte ; évidemment le provocateur est cause du meurtre, mais on peut se demander dans quelle mesure ? Il est bien vague de poser ainsi une appréciation ; ce qui nous semble encore moins admissible, c'est qu'après avoir ainsi rattaché la

____

(1) M. le Poittevin à son cours.

provocation au fait, on déclare que c'est un délit distinct :
il y a là deux idées incompatibles. La conséquence de
cette théorie de la provocation serait de regarder le provocateur comme aussi coupable que l'auteur matériel, et
telle est bien en effet l'opinion de M. Getz. Il est remar-
quable que l'on arrive ainsi à une conclusion semblable
à celle de Rossi ! Comme ce dernier, on oublie le rôle
uniquement intentionnel du provocateur. S'il peut arriver qu'il soit aussi coupable que l'auteur, cela n'est pas
une règle absolue. Avec la construction que nous avons
faite de la complicité, on pourra punir le provocateur
suivant des limites plus larges, c'est-à-dire plus équita-
bles.

Passons à la formule présentée par M. Nicoladoni.
Pour lui, la provocation est un délit *sui generis*. Il faut
le considérer en lui-même, quel que soit le résultat.

Cette thèse nous semble beaucoup plus conforme
aux théories nouvelles que celle de M. Getz. La dépendance vis-à-vis du fait principal, est absolument supprimée. Mais comment apprécier ce délit distinct ? Les faits
objectifs donneront-ils une certitude suffisante pour
frapper le coupable ? M. Nicoladoni le punit de la peine
du délit auquel il a voulu provoquer. Ceci ressemble
beaucoup aux menaces dont parle l'article 305 de notre
Code, le trouble causé par ces faits est à peu près le
même, et, dans les deux cas, on a en vue un fait purement intentionnel. Mais le législateur français n'a pas
considéré que le trouble causé était équivalent au délit

qu'avait en vue l'auteur : il a puni les menaces d'une
peine très inférieure à celle du délit lui-même, et il a eu
soin d'en bien préciser les conditions. Au contraire,
dans le rapport de M. Nicoladoni, il nous semble qu'il
y a une véritable disproportion entre la faute et le châtiment, car il n'y a pas eu de résultat. Nous revenons
toujours à cette idée de la réalisation de la provocation ;
c'est seulement en ce cas, en effet, qu'on peut trouver
une véritable valeur pénale au fait de la provocation.
Qu'est-ce qu'une idée qui ne se manifeste pas à l'extérieur ? Au point de vue social, c'est comme si elle n'existait pas. Le législateur peut parfois en craindre les suites et s'efforcer d'empêcher, non pas sa production,
mais sa communication de la part de celui qui l'a conçue. La sanction qu'il élévera ne devra pas atteindre
celle qui frapperait le coupable, si la cause avait produit
un effet. Ce n'est que dans l'intérêt social que ces faits
sont dangereux ; en soi, ils n'ont qu'une valeur pénale
très faible.

Comme nous l'avons vu, la théorie de M. Nicoladoni
n'a pas eu de succès au Congrès de Linz. Nous croyons
que l'un des motifs de cette défaveur est que l'auteur
admet qu'il peut y avoir participation à la provocation ;
ce serait retomber dans toutes les difficultés que l'on a
voulu éviter et prouver que le caractère accessoire de la
provocation est conservé. Bien que moins conforme
peut-être aux théories modernes, la formule de M. Getz
a réuni tous les suffrages. Il semble d'ailleurs que l'on

n'ait vu en elle que la distinction possible d'avec le délit, et non la dépendance, qu'à notre avis, cette même formule suppose.

La question antérieure de la provocation n'est en rien modifiée, et par suite, elle reste un mode de complicité accessoire, subordonné à l'exécution d'un fait matériel. Elle n'est susceptible de devenir un délit distinct que sous certaines conditions, soit de publicité (par exemple dans les cas de provocation par la voie de la presse ou dans les réunions publiques : le nombre des personnes auxquelles elle s'adresse, en même temps qu'il assure une certitude plus grande au fait, constitue un danger social plus grave en assurant l'exécution probable de ce fait), soit d'indépendance, en ce sens que dès qu'elle est reliée à un résultat quelconque, il est impossible de l'envisager isolément.

La plupart des codes punissent le provocateur de la même peine que l'auteur, ou même le regardent comme auteur.

Nous avons examiné cette dernière opinion. Quant à la punition du provocateur, étant donné qu'il est cause première du crime, que l'idée qu'il a émise a obtenu un résultat par l'exécution, on pourrait maintenir cette assimilation, et cette solution s'impose quand le provocateur maintient l'auteur sous son autorité. C'est, par exemple, un maître qui ordonne à son domestique de commettre tel crime. Si le provoqué a exécuté le crime, il y a lieu de tenir compte de l'importance du motif qui a contribué à l'y décider. Il en est de même de tous les cas où l''influence psychique de l'instigateur sur l'auteur est évidente, la liberté de celui-ci n'est plus entière. Le principe de l'assimilation de peine sera donc la règle au cas de complicité par provocation.

CHAPITRE VII

APPRÉCIATION DE LA THÉORIE NOUVELLE.

Section I. L'association et la doctrine nouvelle. — Section II.
Des projets inspirés par la doctrine nouvelle.

SECTION I. — **L'association et la doctrine nouvelle.**

Nous avons considéré successivement les principales règles de la théorie de l'Union internationale du droit pénal, en les comparant avec celles qu'a posées l'école classique. Pour compléter notre étude, il est nécessaire d'envisager, d'une façon générale, la complicité.

Le premier caractère qui se dégage de cette considération, c'est la complexité du phénomène de la complicité. Les actes qui le composent se présentent à nous comme un seul fait, et ce n'est que par une analyse indispensable qu'on parvient à distinguer les différentes sortes de coopération. Mais, en faisant cette analyse, il ne faut pas oublier que les éléments que l'on parvient ainsi à isoler les uns des autres, perdent dans cette séparation une partie de leur valeur, c'est-à-dire que si l'on ne peut les considérer qu'un à un, il faut en examinant chacun, se rappeler qu'il est relié d'une façon très intime à d'autres actes criminels, et apprécier son importance non seulement en lui-même, au point de vue pénal, mais aussi par rapport aux autres actes avec lesquels il s'est produit. Chacun des actes a une valeur comme acte isolé, et en a également une, qui peut être différente, comme partie d'un ensemble.

Ceci a lieu dès qu'il s'agit d'un cas de complicité, et quelle que soit la notion que l'on conçoive de ce mode du crime. Dans toutes les opinions, le mot de complicité signifie, avant tout, pluralité d'agents. Ces agents se sont réunis pour commettre des actes criminels ; il y a eu la plupart du temps une convention préalable, ou, si elle n'existe pas, si les coparticipants ont agi sous l'empire d'une inspiration subite, dans l'exécution de leurs actes ils se préoccupent de favoriser par leur activité celle de leurs compagnons.

Dans la notion classique, il est facile de tenir compte de l'existence de cette association ; puisque l'ensemble des faits constitue un délit unique, il y a eu unité d'action, en ce sens que tous les agents ont fourni leurs efforts dans la même direction. En les appréciant on part du délit tel que tous ces efforts l'ont constitué, et on remonte aux participations diverses ; il est impossible de perdre de vue le point de départ, et avant tout, on a la notion très nette d'un acte partie d'un tout. L'abstraction de cet acte, son étude en soi, ne sont admissibles que lorsque, dans la réalité, l'acte criminel n'a pas eu de relation avec le délit, lorsqu'il a constitué un délit distinct. En ce cas la méthode change, on l'étudie comme délit et ce n'est qu'ensuite qu'il y a lieu de voir quels rapports ce délit a eus avec un autre délit.

Le point de départ de la nouvelle école est totalement différent. Dire en effet que chacun des coparticipants a commis un délit distinct, n'est-ce pas poser en principe, que l'étude de ce délit est la considération primordiale dont on doit s'occuper? Or il ne faut pas oublier le fait de l'association qui, indépendamment de sa valeur sociale, a une signification pénale ; on ne peut voir la simple juxtaposition de deux fautes particulières dans l'existence d'un concert destiné à commettre un ou plusieurs faits, et dans l'exécution de ces faits conformément à ce qui a été résolu. Nous croyons que c'est dénaturer la réalité des choses.

Prenons un exemple, fourni par M. Getz lui-même. Une personne est malade. Primus voulant la mort de cette personne dépose auprès d'elle un flacon contenant un poison, avec l'espérance que le malade absorbera le contenu de ce flacon. Il y a dans ce fait un acte criminel (1). Cet acte criminel sera le même si, auprès du

______

(1) Nous n'admettons cette affirmation qu'à condition que le fait du complice constitue au moins une tentative d'empoisonnement. Le fait de placer à portée d'une personne une bouteille de poison peut, en effet, ne pas être un acte punissable : il faut, pour qu'il le devienne, certaines circonstances qui rendront plus précis le caractère de l'acte. M. Getz n'a d'ailleurs pas insisté sur ce point, car il a considéré surtout le côté subjectif du crime.

malade, se trouve une tierce personne chargée de le garder et si Primus espère que ce sera cette tierce personne qui commettra l'erreur. Mais si Primus parvient à décider la garde-malade à administrer sciemment le poison, tout change : Primus devient complice, la garde étant l'auteur principal du crime d'empoisonnement. Cette modification, conclut M. Getz, n'est pas juste, puisque Primus accomplit le même acte, avec la même résolution. Pourquoi le déclarer moins coupable ?

A cette question, nous répondrons que, dans la dernière hypothèse, le crime a été modifié : les actes objectifs ne sont plus les mêmes ; en acceptant d'administrer elle-même le poison, la garde-malade a contribué à augmenter la possibilité du crime ; Primus dans la première hypothèse, s'était vu forcé à laisser une très grande part au hasard ; l'adhésion de la garde a fait disparaître ceci.

Or cette adhésion, outre cette modification, fait entrer dans le crime une personne, jusqu'alors étrangère, qui accomplit les actes d'exécution de ce crime. Au premier cas, en déposant le poison sur la table, Primus a tenté un crime ; au second, en remettant à la garde-malade le poison, il n'a accompli qu'un acte préparatoire, non punissable en lui-même. Au point de vue objectif il devient donc en réalité un complice. On ne peut dire en effet que remettre à une personne le poison, soit un acte tendant immédiatement et indirectement à l'accomplissement du crime. Cet acte a pour objet de faciliter l'accomplissement de la pensée criminelle, mais il précède l'exécution même du crime : il ne le commence pas, il ne manifeste qu'un projet. Le crime commence avec la mise du poison à la disposition de la victime. Il n'y a donc pas eu même acte, dans les deux cas.

Mais l'exemple cité par M. Getz, outre les appréciations spéciales qu'il comporte, donne lieu à une critique d'une portée beaucoup plus grande ; quand il dit : Primus a commis le même acte, il fait une autre erreur car il néglige cet élément : l'association entre Primus et la garde-malade. En matière civile, nous dirions qu'il y a un contrat entre eux. Au premier cas, Primus n'avait communiqué son intention à personne ; au second, il a voulu s'assurer le succès et, par la corruption, il a rendu plus certain le but qu'il poursuivait. Il y a eu modification de sa propre volonté, non pas en tant qu'elle tendait au crime, mais en ce qui concerne les moyens d'arriver à ce crime. Au lieu de se contenter de mettre en jeu des circonstances plus ou mois naturelles, il est entré en connivence avec une autre personne ; c'est donc faire une analyse inexacte au point de vue subjectif, que de regarder l'acte comme exactement identique dans les deux hypothèses.

D'ailleurs cette critique ne s'adresse pas seulement à l'exemple cité plus haut. C'est à notre avis une grande faute de la part de l'école nouvelle d'avoir séparé les délits, c'est-à-dire de considérer le fait de l'association comme non existant ou comme d'une importance moindre. Nous venons de voir que cette association, ce concert, exerce son influence sur les actes objectifs, comme elle crée entre eux une véritable dépendance ; en les examinant isolément, il est difficile de reconstituer les faits tels qu'ils se sont passés réellement, on les dénature. En pratique, il y a une subordination réciproque des actes de chacun des coparticipants, qui modifiera son acte, suivant les circonstances, de manière à le rendre aussi utile que possible et à ne pas en faire un obstacle pour ses compagnons. Il y a une concordance voulue entre eux. L'école nouvelle se trouve forcément amenée à négliger ce côté du délit. De plus, au point de vue subjectif, on ne peut admettre que le fait de s'associer à une ou plusieurs personnes, n'exerce pas une influence sur la faute intentionnelle. Il prouve, en tous cas, l'irrévocabilité de la volonté coupable, et, ne serait-ce que comme constatation, cette considération a une certaine valeur. Il est singulier que l'école nouvelle, qui donne tant d'importance à la faute subjective, ait ainsi négligé un de ses éléments les plus certains et les plus graves.

Il semble cependant que plusieurs formules de la nouvelle école ne maintiennent pas d'une façon aussi stricte la séparation entre les participations. Quand M. von Liszt dit : celui qui a posé la condition d'un résultat est responsable de ce résultat, cette affirmation n'est peut-être pas si éloignée de la doctrine classique qu'on serait fondé de le croire. En soi, elle ne signifie rien autre que la culpabilité égale de tous les coparticipants, ou plutôt la causalité de leurs actes vis-à-vis du résultat, mais sous cette forme, même au point de vue ancien, elle nous paraît trop absolue. Il y a dans le crime des actes de participation, qui ne sont pas des actes essentiels, des conditions de ce crime. Le complice qui fait le guet pendant que l'auteur principal opère un vol à l'intérieur d'une habitation, facilite le vol, mais cette coopération est-elle la condition du vol? Il est permis d'en douter (1). L'acte qu'il a fait doit-il rester impuni ? Personne ne l'admet, mais nous ne voyons pas comment on peut le qualifier au point de vue de la doctrine nouvelle. Il est évident que l'on ne pourra retenir comme auteur d'un délit que celui qui l'a causé. Or la complicité supposant des faits secondaires, dont les rapports avec un fait principal sont incontestables, on ne peut punir ces actes, si on ne regarde comme seuls criminels que les actes, causes de ce résultat, et non ceux qui ne sont que des participations à ces causes premières. La causalité médiate est, si on la considère en soi, si on fait abstraction de ses rapports avec des faits de causalité immédiate, insuffisante à former une incrimination.

Même, d'ailleurs, pour certains des actes qui ont par eux-mêmes une valeur criminelle, on pourra se trouver fort embarrassé pour les poursuivre, étant donné que

____

(1) M. Le Poittevin à son cours.

l'acte principal visé par la loi, diffère de celui qu'a commis, au point de vue de l'école nouvelle, l'inculpé. On a dit : chacun sera poursuivi pour le crime qu'il a voulu commettre. C'est là une base d'appréciation bien peu précise, parce que le fait qu'a voulu commettre le criminel peut ne constituer qu'un acte indifférent aux yeux de la loi (v. p. 85), qu'on arriverait ainsi à punir la seule faute subjective, c'est-à-dire qu'on risque d'aboutir à l'incertitude et à l'arbitraire.

Sans doute, l'école nouvelle présente une grande simplification dans les notions de complicité, mais c'est au détriment d'une règle essentielle, qu'on n'aurait pas dû méconnaître. Nous avons admis qu'on peut, à condition de ne pas dépasser certaines limites, tenir compte des idées d'individualisation de la peine, mais comparons les résultats de l'école italienne avec ceux de l'école nouvelle. Certes, on ne peut dire que les auteurs italiens aient négligé le côté anthropologique; cependant ils ne lui ont pas accordé une importance exclusive. Dès la première édition de son livre, Lombroso écrivait : « Les associations illicites sont un des phénomènes les plus importants du triste monde du crime, d'abord parce qu'on voit se vérifier dans le mal la grande puissance que donne l'association, en second lieu parce que la réunion de ces âmes perverses engendre un véritable ferment malfaisant... » Nous trouverions des idées analogues dans Ferri, dans Sighele, à tel point que l'on pourrait dire qu'ils ont été frappés surtout du côté association de la complicité et qu'ils ont cherché à le punir spécialement, en faisant de la complicité une circonstance aggravante.

Sans prendre parti sur cette dernière question, nous nous bornons à constater que l'association n'est pas prévue, directement au moins, dans la nouvelle doctrine, et c'est incontestablement une exagération du point de vue individualiste, car il est impossible et contraire à l'entité des faits d'examiner d'abord l'acte commis par un coupable, puis ensuite de tenir compte du rôle joué par celui-ci dans une association.

M. von Liszt (1) a déclaré que la politique criminelle, tout en s'appuyant sur la sociologie criminelle, est plus que la sociologie et qu'elle entend combattre le crime dans ses racines biologiques, dans la personne du criminel, dans les mobiles individuels qui l'ont conduit au crime, c'est-à-dire que l'élément essentiel sera le caractère intime de l'agent. C'est là une opinion beaucoup trop exclusive. Les faits extérieurs ont bien aussi leur importance et l'association, outre son caractère sociologique que l'on semble négliger, est un de ceux-là.

Au point de vue théorique, dirons-nous, les doctrines de l'école nouvelle présentent le grand avantage d'une simplification des règles de la complicité : tout le monde est auteur. Mais, lorsque l'on veut étudier de plus près les formules proposées, nous voyons que l'on

(1) *Bull. de l'Un. int.*, année 1894.

aboutit à de véritables impossibilités et qu'il est permis de se demander, si la formule modèle de la complicité délits distincts est trouvée.

SECTION II. — **Les projets inspirés par la nouvelle doctrine.**

Il nous reste, en ce qui concerne l'examen de la nouvelle doctrine, à étudier l'application de ses théories, c'est-à-dire les projets de Codes pénaux dont nous avons déjà parlé. Auparavant, nous devons faire une remarque, c'est qu'il s'en faut de beaucoup que ces projets présentent un caractère aussi net que les théories qui en forment les considérations préliminaires. Il semblerait qu'on s'est contenté de poser en principe l'absence de toute définition de la complicité, en disant d'une manière générale, que tous ceux qui ont pris part à ce même fait sont coupables de ce fait. C'est là une règle très large, pouvant par son extension possible prêter à bien des critiques. Pour le reste, on retrouve la même extension dans les décisions spéciales.

L'avant-projet suisse, outre la suppression des anciennes distinctions, consacre une tendance que beaucoup d'auteurs modernes ont condamnée. En effet, le principe romain de l'emprunt absolu de criminalité est remis de nouveau en honneur (1). On considère qu'il

(1) M.Miniz écrit à ce sujet (*op.cit.*): « Il semble à von Liszt que c'est un idéal digne de nombreux efforts que de faire flotter devant les

n'y a plus de complices dans la participation à un crime,
n'est-ce pas dire que tous les coparticipants étant auteurs, et par suite qu'ils seront tous soumis au maximum
de la peine établie pour le fait ? En lisant le nouvel article 13 du projet suisse, nous verrons que l'abaissement
n'est qu'une faculté ; en d'autres termes, l'assistant est
puni de la même peine que l'auteur (Thaeter). Quant à
ce que la peine de l'instigateur soit aussi la même que
celle du Thaeter, cette décision existait déjà dans certains
codes, entre autres le Code pénal allemand. L'influence de
celui-ci est d'autant plus vraisemblable que la première
rédaction du Code suisse assimilait l'instigateur à l'auteur. L'article 48 de la loi allemande dit en effet... : la
peine de l'instigateur sera la même que celle qui est appliquée à l'auteur.

Nous n'insistons pas davantage sur le projet suisse et
nous passons au projet de M. Foinistky. Nous rappellerons que c'est un essai d'application pratique de la nouvelle doctrine, et non un projet véritable (v. page 49).

L'idée première de son système, c'est que la participation varie suivant le crime dont il est question, et qu'il
est nécessaire d'établir des règles pour envisager dans
chaque cas les différents modes de concours. Ceci est

yeux la formule sommaire du Code pénal français, qui menace de la
même peine tous les participants. Il est véritablement étonnant que
cette décision draconienne, regardée comme défectueuse par les cri-
minalistes français les plus éminents, commence à trouver hors de
France des partisans convaincus.» Remarquons que c'est cependant
la conséquence logique de la doctrine de M. von Buri.

une idée juste, les modes de participer à un crime sont très nombreux et varient suivant la nature de ce crime. Mais est-il donc impossible d'espérer les comprendre tous par des termes assez larges pour pouvoir s'y appliquer, sans s'exposer à des redites, qui seront presque inévitables dans le système de M. Foinistky ? Bien souvent, ils présenteront de grandes analogies. Les codes n'ont pas généralement une étendue suffisante pour permettre ces suppléments aux décisions spéciales. Quant au modèle proposé pour la rédaction de l'article lui-même, nous n'hésitons pas à le déclarer impraticable ; les expressions que préconise M. Foinitsky sont beaucoup trop larges : en punissant la personne coupable de la production d'un dessein de meurtre, on s'adresse non seulement à l'auteur d'un meurtre, au complice, mais encore à certaines personnes, qui ont pu, sans intention, faire naître chez d'autres l'idée de ce meurtre, sans que l'on puisse trouver les éléments constitutifs d'un crime. Quelle loi pénale pourrait jamais arriver à ce résultat ?

Le projet de Code norwégien repose sur une tout autre conception. S'il n'y a plus d'articles définissant la complicité, nous avons, à la place, une disposition qui punit tous les coparticipants à un crime, en tenant compte de leur position subordonnée vis-à-vis de l'auteur, ou de leur moindre rôle. Quant aux dispositions spéciales, leurs termes sont moins restrictifs que ceux des codes actuellement en vigueur. En dehors de la suppression de l'article sur la complicité, ce projet est une exagération de ce qui se pratique ordinairement. Nous avons vu que la plupart des législations admettent une peine inférieure pour le complice, en se fondant sur ce que celui-ci a joué un rôle moins important que l'auteur. Le projet de M. Getz reproduit sous une autre forme cette idée et, sans traiter de complices les coparticipants dont les actes ont été accessoires, il laisse entendre que ceux-là n'ont été que des assistants, non de véritables auteurs. En réalité, si la distinction n'est plus dans les mots, elle est dans les choses : il y a toujours deux classes de coupables. A notre avis, cette indulgence, admise dans tous les cas pour le complice, n'est pas admissible. On a proposé de faire de l'association une circonstance atténuante soit pour tous les associés s'ils se sont mutuellement suggéré l'idée de s'associer, soit pour ceux qui ont été entraînés. Il y a quelque chose d'analogue dans le projet norvégien, non pas qu'on pose expressément la circonstance atténuante, mais, en fait, on aboutit au même résultat en abaissant le maximum de la peine. Nous croyons cette solution beaucoup trop indulgente à cause de son manque de précision. On pourrait d'ailleurs lui adresser le reproche qu'on a fait à l'école classique, c'est que l'on ne peut tenir compte de la témibilité du complice, en imposant une limite à l'appréciation. Le Code norvégien se contente d'établir le principe de cette série décroissante de peines. Ce n'est pas encore une solution satisfaisante.

Nous avons vu la question des circonstances aggravantes réelles et personnelles. Quant à la tentative, M. Getz reconnaît lui-même que l'organisation de la tentative de complicité est très difficile et qu'il y a lieu de craindre des punitions arbitraires. Sans doute la provocation manquée a déjà fait l'objet de dispositions spéciales ; il en est de même ainsi de certains délits, comme la fabrication de fausses clés. Mais à quel but a-t-on obéi en punissant ces faits ? On ne les a pas considérés comme des actes de complicité, rattachés à un fait principal, mais comme des délits distincts et l'on pouvait d'autant mieux le faire qu'il n'y avait plus là une simple intention et que les actes existaient en eux-mêmes et étaient plus faciles à constater. De plus, il était nécessaire d'empêcher ces actes, parce qu'ils ont une portée plus grande et des chances de réussir plus nombreuses.

En résumé que trouvons-nous dans ces projets ? La suppression de toute distinction entre les agents, suppression qui existe plus en théorie qu'en pratique, tant semble naturelle la division en deux classes des agents d'un délit. Pour les auteurs modernes, c'est une introduction de la théorie de la pluralité des délits. Nous avons vu ce qu'il fallait en penser. Quant à l'abaissement possible de la peine nous l'admettons en certains cas, mais nous ne voyons pas qu'on ait songé à le restreindre au cas où la complicité présente un péril plus grave.

Au Congrès de Linz on a dit qu'il est impossible aux

praticiens d'appliquer les distinctions d'auteurs et de complices. Cela ne tient-il pas à ce que le critérium n'a pas été établi d'une manière précise ? Ce n'est d'ailleurs pas résoudre une difficulté que de supprimer une théorie qui la contenait.

CHAPITRE VIII

Jusqu'ici nous n'avons considéré la complicité qu'en elle-même, il nous faut la voir maintenant dans la société. Nous avons déjà fait de fréquentes allusions à son rôle dans le péril social, nous allons maintenant le déterminer d'une façon plus exacte.

Dès les commencements de cette étude nous avons dit que le crime augmentait de jour en jour (1). Les comptes rendus prouvent que non seulement cette augmentation suit le mouvement de la population, mais encore qu'elle croît d'une manière plus rapide. Ceci posé, la complicité augmente-t-elle dans cet accroissement du nombre des crimes ?

M. Foinitsky soutient la négative. Après avoir constaté le mouvement criminel, il déclare que le criminel isolé devient en quelque sorte le cas le plus fréquent.

(1) D'après les derniers documents (*Journal officiel* du 9 novembre 1897) il semblerait que la criminalité tend à diminuer en France. Mais cette diminution ne porte que sur deux années (1894 et 1895) et il est permis de se demander si on est en face d'un mouvement véritablement accusé. Les statistiques étrangères de l'Europe continentale ne présentent pas un résultat analogue. En tous cas nous rappelons que M. Foinitsky a écrit ce qui précède en 1892, à une époque où aucune diminution n'est constatée dans les statistiques.

Nous citons ses paroles. « La doctrine de la complicité est née lors des mouvements de masse, aux lois desquelles l'activité criminelle était aussi soumise. Aujourd'hui, le cours des choses s'est complètement modifié. La statistique criminelle nous montre que partout l'activité commune est remplacée par l'activité isolée, et que les résultats criminels deviennent individuels. »

Il y a dans cette affirmation une idée très juste, c'est que la complicité, comme le crime simple, dont elle est un des modes, se transforme avec la civilisation. Mais il reste toujours une constatation possible à faire, c'est de chercher les cas où plusieurs individus se sont réunis pour produire un seul résultat. Il y a là un élément matériel sur lequel la statistique peut nous fournir des indications.

Examinons les chiffres qu'elle nous fournit pour la France.

D'après M. Henri Joly (1), de 1826 à 1861, il y a eu 130 accusés pour 100 crimes (moyenne 1,30) et depuis 1861, la proportion serait de 125 pour 100 (moyenne 1,25).

Voici d'ailleurs les derniers relevés de 1876 à 1895 pour les crimes.

(1) *Le crime*, p. 129.

Années	Crimes contre les personnes	Crimes contre les biens	Totaux des crimes	Accusés (personne)	Accusés (bien)	Totaux des accusés	Moyenne par crimes
1876	»	»	3693	»	»	4764	1.29
1877	»	»	3485	»	»	4413	1.26
1878	»	»	3368	»	»	4222	1.25
1879	»	»	3427	»	»	4347	1.26
1880	»	»	3258	»	»	4125	1.26
1881	»	»	3358	»	»	4320	1.28
1882	»	»	3644	»	»	4814	1.32
1883	»	»	3299	»	»	4313	1.30
1884	»	»	3276	»	»	4277	1.30
1885	»	»	3135	»	»	4184	1.33
1886	1507	1745	3252	1714	2683	4397	1 37
1887	1452	1712	3164	1627	2671	4298	1.35
1888	1453	1673	3126	1659	2599	4258	1.35
1889	1374	1576	2950	1600	2513	4113	1.42
1890	1386	1596	2982	1574	2504	4078	1.36
1891	1402	1537	2939	1696	2511	4207	1.42
1892	1461	1488	2949	1728	2368	4096	1.38
1893	1549	1486	3035	1838	2431	4269	1.40
1894	1451	1402	2853	1704	2271	3975	1.39
1895	1302	1224	2526	1562	1991	3553	1.40

Quelles que soient les vicissitudes des nombres des crimes, on voit que la complicité en matière de crime augmente sensiblement. Actuellement, un crime sur trois est l'œuvre de plusieurs agents.

Passons maintenant aux délits. Ici les éléments de calcul sont moins bien établis.

Années	Nombre des délits	Nombre des prévenus	Nombre moyen des prévenus pour un délit
1876	179.313	199.061	1.17
1877	165.698	195.226	1.17
1878	163.729	192.433	1.17
1879	167.147	196.056	1.17
1880	170.260	199.637	1.17
1881	178.830	210.057	1.17
1882	172.236	202.307	1.17
1883	179.279	209.499	1.16
1884	184.949	217.960	1.17
1885	188.734	224.372	1.18
1886	187.720	223.129	1.18
1887	191.108	228.773	1.19
1891	194.763	233.704	1.20
1892	205.774	248.537	1.20
1893	203.624	247.888	1.21
1894	206.326	249.166	1.21
1895	196.265	238.109	1.20

Nous pouvons faire ici les mêmes remarques qu'à propos des crimes ; sur six délits, il y a un délit commis par plusieurs agents.

Comparant ces deux tableaux, nous apercevons que la complicité est plus fréquente pour les crimes que pour les délits, pour les faits graves que pour les faits légers. Tandis que le nombre des infractions semble tendre à diminuer, au moins depuis deux ans, la complicité au contraire ne cesse d'augmenter. L'écart entre la première année, 1876, et la dernière, 1895, est considérable (11 0/0) pour les crimes. En ce qui concerne les délits, au contraire, il n'est que de 3 0/0.

Sans doute, en droit pénal, la statistique n'a qu'une valeur très restreinte, surtout à cause du nombre et de l'importance des éléments subjectifs dans les crimes. Mais nous ne lui demandons sur ce point que des constatations matérielles et il faut avouer qu'elle nous présente des résultats inquiétants.

En effet il est nécessaire de se rappeler que la complicité suppose l'association, c'est-à-dire une réunion de forces en vue d'un résultat. Un criminel isolé est maître de ses actes, il les dirige suivant sa volonté et ne tient compte que de lui-même. Mais ses moyens sont limités et la possibilité de ses efforts restreinte. Aussi qu'arrive-t-il, lorsqu'il s'agit d'atteindre un résultat qu'il se sent impuissant à réaliser à lui seul, c'est qu'il s'adjoindra un ou plusieurs compagnons, pour parvenir au but coupable qu'il s'est fixé. Il perd ainsi son indépendance, ses actions seront subordonnées, liées, à celles de ses codélinquants, en revanche, il aura à son service une puissance d'action beaucoup plus considérable : l'expérience des faits démontre que le concours de plusieurs personnes au même crime atteint un résultat supérieur à la somme des efforts des coparticipants, c'est-à-dire que la réunion de deux hommes produira un effet plus grand que la somme des efforts de ces deux hommes, considérés isolément. Il y a limitation et concentration des forces de chacune sur une partie des actes du crime et par suite, chacun d'eux produira un plus grand nombre d'effets utiles que s'il était seul (1).

(1) D'après Lombroso « l'association fait pulluler à nouveau les vieilles tendances sauvages qui sont dans l'homme, les renforce par

Il résulte de là que l'association causera un trouble social très grave. Il importe de sévir contre elle. Sans aller jusqu'à voir dans la complicité une circonstance aggravante, nous constatons que c'est une lacune très grave qu'a commise la doctrine de l'Union internationale en la négligeant. Mais nous devons aller plus loin.

Lorsqu'on examine les agents, on s'aperçoit que ceux qui s'associent le plus souvent, sont les criminels dangereux. Comme l'a dit M. Joly, s'il y a des malfaiteurs solitaires c'est surtout parmi les criminels d'accident qu'on doit les rencontrer. L'idée d'accident exclut l'idée de préméditation, par conséquent l'idée d'une entente mutuelle. Ce fait est naturel. L'association leur permet d'exercer leurs mauvais instincts sur une plus grande échelle, et elle suppose par elle-même une certaine habitude du crime. En même temps et par un contraste très curieux, c'est dans des associations ainsi composées que des individus non encore criminels feront leurs débuts dans le crime, soit par suite de leurs penchants vers le mal, soit, souvent aussi, par suite de contagion de l'exemple qui joue un si grand rôle dans la lutte contre le bien (1).

une sorte de discipline et fait commettre des atrocités auxquelles répugneraient la plupart des individus pris isolément ». M. Sighele ajoute qu'il y a dans l'association non seulement une différence numérique, mais encore une différence psychologique. L'intelligence criminelle d'un seul n'est pas aiguisée comme celle d'une société de délinquants ; il n'y a pas simple somme d'énergie, une addition, mais un produit (*Le crime à deux*, p. 149 et s.).

(1) Pour des malfaiteurs, se voir c'est se connaître, et se connaître c'est se perdre mutuellement (Joly, *Le crime*, p. 155).

Le crime par complicité permet d'attribuer au criminel novice un rôle peu dangereux par son importance, et par là, il fera un pas définitif dans la voie du crime.

Revenons à la négation de M. Foinitsky. Elle nous paraît assez difficile à motiver. Il nous semble impossible d'admettre qu'elle ait en vue le terme spécial d'association de malfaiteurs, crime qui n'a jamais été très fréquent. En France, il n'y en a pas eu plus de trois par an, et depuis longtemps, il n'en est plus question. Mais nous devons remarquer que la forme de la complicité présente des modifications que l'on ne constatait pas autrefois. C'est ainsi qu'à côté des crimes répondant absolument aux exemples classiques, on rencontre actuellement ce que l'on nomme des bandes de malfaiteurs. Un certain nombre de malfaiteurs se réunissent et conviennent de commettre un certain nombre de vols limités à certains objets ; en même temps, ils louent une boutique et offrent à la consommation les objets ainsi dérobés, moyennant un prix généralement infime. Tout d'abord, on ne peut dire malgré certaines ressemblances, qu'il y ait un acte commercial, car il lui manque un élément essentiel, c'est que cela ne constitue pas un acte juridique, licite. Considérons la situation avant tout écoulement de marchandises, avant toute vente au public : la société criminelle au point de vue juridique n'a accompli que des crimes et n'a pas satisfait à la notion de l'offre et de la demande, il n'y a pas entremise de sa part et son but n'est pas de tirer profit d'une entremise dans la circulation d'objets (1), mais de tirer profit de ces mêmes objets frauduleusement acquis.

Nous sommes donc en présence d'un certain nombre de délits, tous commis avec la même intention et dans le même but, qui constituent en eux-mêmes des délits isolés, comportant chacun des auteurs et des complices. C'est l'hypothèse de la connexité. La modification consiste en ce que tous ces délits aboutissent à un même résultat, le profit général plus facilement réalisable par l'offre faite au public, mais il n'y a aucun changement à la notion du délit, moyen de s'assurer ce profit (2).

Nous dirons donc en terminant que la complicité constitue pour la société un très grave danger, et c'est pour cela que nous croyons qu'il faut maintenir, en principe, l'égalité possible de la peine entre le complice et l'auteur principal, sauf à l'abaisser quand on rencontrera certaines circonstances démontrant la culpabilité

---

(1) P. Appert, *Les actes de commerce terrestres.*

(2) Il ne faut pas confondre ces associations avec les anciennes « associations de malfaiteurs ». Il n'y a pas en ces cas d'organisation permanente, de hiérarchie ou plutôt celle-ci n'existe pas d'une façon apparente quand elle existe. D'ailleurs ce n'était pas l'hypothèse que la loi avait voulu viser. En 1810 il y avait en effet des associations de brigandage qu'on essaya de punir d'une façon spéciale. Ces modes du crime n'existant plus. L'association actuelle opère d'une tout autre manière. Quant aux « ententes » établies, prévues par l'article 265 nouveau, il s'agit ici d'une forme particulière du crime dans laquelle ceux qui se sont ainsi réunis n'ont pas spécialisé les actes, qu'ils commettront : ils ont posé simplement le but à atteindre. Nous sommes donc encore plus loin de l'hypothèse envisagée au texte.

moindre du complice. En même temps, le recel pouvant avoir au point de vue social certains caractères de la complicité, il y aurait également intérêt à faire varier sa peine suivant l'importance du crime, qu'il a pu faciliter, et les circonstances de ce crime si le recéleur les a connues.

CONCLUSION

Au point de vue théorique, aussi bien qu'au point de
vue pratique la doctrine de l'Union internationale du
droit pénal ne semble pas réaliser l'idée d'une notion
véritablement satisfaisante. Son point de départ est posé
d'une manière très nette : suppression du délit unique
au cas de participation de plusieurs, mais lorsqu'il y a
lieu de traduire cette formule en principes positifs nous
rencontrons des affirmations, mais peu de motifs. On
peut se demander quel est le but que se sont proposés
ses partisans. Jusqu'ici nous n'avons obtenu que des
règles très contestables : il semblerait que leur étude
soit principalement dirigée sur la provocation, c'est du
moins la question à propos de laquelle on a présenté,
le plus de systèmes. Nous ne reviendrons pas sur ce que
nous avons dit à ce sujet, mais en examinant le compte
rendu du Congrès de Linz nous voyons que les auteurs
de la nouvelle école n'ont pas semblé avoir trouvé
le modèle exact, la formule de leur conception. La
3ᵉ séance de ce congrès, consacré à la discussion sur
la complicité, s'est terminée par le vœu suivant :

... « Que les dispositions légales relatives à la tenta-
« tive et à la participation soient reliées aux principes
« de la responsabilité personnelle et de la défense so-
« ciale. »

C'est l'expression d'une volonté peu précise. Il faut ajouter qu'il reste, encore une fois, le principe de la pluralité des délits admis, s'il y a lieu, bien des questions à étudier. Ainsi comment qualifier le délit spécial du complice par celui qu'il a voulu commettre, nous doutons qu'en pratique on arrive facilement à établir une telle qualification. Mais ceci admis comment le jugera-t-on? Réunira-t-on son procès à celui de ses compagnons, ou fera-t-il l'objet d'une poursuite distincte?

Nous croyons qu'il ne faut séparer que ce qui est divisible, mais alors la séparation doit être aussi large que possible : la punition, la culpabilité, l'intention sont choses absolument distinctes et que l'on peut apprécier en chacun des accusés, mais tout ce qui se relie d'une manière aussi intime que les actes de l'auteur et ceux du complice, tout ce qui a été réuni dans le fait par un bien de dépendance, ne peut être envisagé que d'une façon uniforme. Par suite, si ces éléments sont inséparables, on se trouve amené d'une manière nécessaire à distinguer ce qui a un caractère principal ou secondaire, comme l'ont fait les théories classiques, car c'est là une condition indispensable de la bonne administration de la justice.

Cette distinction admise, le principe de l'égalité de peine, c'est-à-dire la même peine en droit avec les exceptions qui ne seront pas incompatibles avec l'intérêt social et qui seront conformes à la juste proportion de la faute et de la peine, exceptions qui suffiraient à empêcher tout acquittement injuste, nous paraît la règle préférable. Cette conclusion a l'avantage d'éviter les inconvénients que l'on a reprochés à l'abaissement légal de la peine du complice.

Remarquons en même temps que, dans les formules de la nouvelle école, en faisant de tous ceux qui ont concouru, une cause du résultat, on paraît aboutir, bien que le raisonnement nous paraisse insuffisant, à la même déduction. La progression constante des crimes semble nécessiter une application plus stricte des peines et éviter des adoucissements dangereux.

Le projet du Code pénal français a maintenu la disposition qui existait en ce sens dans le Code de 1810. Mais nous regrettons qu'on ait hésité à consacrer les considérations d'après lesquelles l'abaissement de la peine pourrait être accordé en dehors des circonstances atténuantes. De même, nous pensons qu'il aurait été utile de reproduire les solutions de la doctrine sur les circonstances aggravantes, réelles et personnelles, comme l'ont fait les codes étrangers. Ce serait, à notre avis, une œuvre de justice.

Vu :
Le Président de la thèse,
A. LE POITTEVIN.

Vu :
Le Doyen,
GARSONNET.

Vu et permis d'imprimer :
Le Vice-Recteur de l'Académie de Paris,
GRÉARD.

TABLE DES MATIÈRES